PRISE ET INCENDIE DE BAYEUX

EN 1105

Tiré à 200 Exemplaires:

8 SUR BEAU VERGÉ DE RIVES.
30 SUR GRAND JÉSUS VERGÉ DE HOLLANDE.
165 SUR CARRÉ VERGÉ DE HOLLANDE.

ESSAI HISTORIQUE

SUR LA

PRISE ET L'INCENDIE

DE LA

VILLE DE BAYEUX

(**1105**)

PAR M. LE Vte DE TOUSTAIN

MEMBRE DE LA SOCIÉTÉ DES ANTIQUAIRES DE NORMANDIE

CAEN

E. LE GOST-CLÉRISSE, ÉDITEUR

RUE ÉCUYÈRE, 46

1861

PRÉFACE.

Tout fait qui se rattache à l'histoire de la localité qu'il habite, revêt aux yeux de l'amateur des études historiques une importance d'autant plus grande qu'il croit, en le signalant, apporter un document essentiel à la grande histoire de son pays. C'est effectivement de la réunion de monographies spéciales que jailliront les lumières qui éclaireront les ténèbres des temps passés. L'histoire du moyen âge en France se trouvera écrite dans les histoires particulières de ses diverses provinces, et celles-ci se composeront des chroniques de leurs différentes localités. Les recherches historiques locales, depuis le commencement de ce siècle, ont été le but des efforts de la plupart des membres des nombreuses sociétés savantes qui se sont formées en France depuis quarante ans. La Normandie peut revendiquer une large part dans ce mouvement, et la Société de ses Antiquaires a publié des Mémoires qui restent comme les jalons d'une vaste carrière de découvertes archéologiques et historiques la plupart très-intéressantes.

L'histoire du Bessin et de la ville de Bayeux en particulier se retrouve dans bien des pages de ces Mémoires ; on les relit avec d'autant plus d'intérêt qu'on en foule le sol ; la vue des lieux où se sont passés les événements, fait que ceux-ci vous y attachent davantage ; on se complaît à recréer par l'imagination les personnages des anciens temps ; on pense aux vicissitudes des villes que l'on parcourt. Aussitôt qu'on croit apercevoir quelque doute sur un fait, sur une date, on s'intéresse malgré soi à éclaircir ce doute, cette date ; on lit, on compulse les chroniques, on coordonne ses notes et on se figure n'avoir pas perdu de temps dans ce travail qui peut paraître ingrat aux yeux de bien des gens, mais que comprendront toujours les vrais antiquaires. C'est ainsi que nous nous sommes efforcé de déterminer exactement l'époque de la prise de Bayeux par les troupes du roi d'Angleterre Henri Ier, et que nous avons cru pouvoir la fixer aux premiers jours du mois de mai 1105, contrairement à l'opinion de plusieurs historiens qui la rejettent à l'année 1106. Ce sera le sujet de la dissertation suivante, appuyée sur des extraits des auteurs contemporains ; et, comme résumé de cette dissertation, nous avons repris la série chronologique des événements principaux de la guerre entre les deux fils du Conquérant, Henri et Robert, depuis le retour de celui-ci de Jérusalem, jusqu'à sa défaite dans les champs de Tinchebray.

Si le récit de ce triste drame, dont les résultats ont été grands pour notre province, présente quelqu'intérêt à ceux qui parcoureront ces pages ; si nous avons pu fixer désormais dans les annales de la ville de Bayeux la date du 5 mai 1105 pour celle de l'incendie de sa cathédrale ; il ne nous restera plus, pour atteindre le but que nous nous sommes proposé, que d'avoir réussi à grouper autour de ces recherches un attrait suffisant pour en rendre la lecture moins aride aux amis de nos antiquités normandes.

DISSERTATION PRÉLIMINAIRE

SUR

L'ANNÉE DE LA PRISE DE BAYEUX

PAR LE ROI D'ANGLETERRE HENRI Ier.

Les historiens de Bayeux se sont tous trompés sur l'année de la prise et de l'incendie de cette ville par les troupes de Henri Ier, roi d'Angleterre. Hermant, dans son *Histoire du Diocèse de Bayeux,* à la page 152, fait une confusion chronologique inexplicable, en rapportant le siége en question à l'année 1106, et, un peu plus bas, la bataille de Tinchebray en 1105. Cet auteur a fait un emploi si défectueux des excellents matériaux que lui avait laissés M. Petite, qu'il serait oiseux de s'arrêter plus longtemps à réfuter ses erreurs. Trigan, dans l'excellente histoire ecclésiastique qu'il nous a laissée, se trompe aussi en attribuant à l'année 1106 seule les deux expéditions du roi Henri contre son frère, le duc Robert. (T. III, page 464.) Beziers, qui écrivait après ces deux historiens, s'est également trompé en mettant le siége de Bayeux en 1106. (*Hist. sommaire de Bayeux*, page 20.) M. Lambert, dans sa petite notice historique sur l'arrondissement de Bayeux, si pleine de faits curieux pour notre localité et d'aperçus nouveaux et exacts sur les anciennes dénominations du Bessin, a suivi le sentiment de ses prédécesseurs en adoptant l'année 1106 (page 22) pour celle de l'incendie de la cathédrale. Enfin, le dernier de nos historiens modernes, M. Pezet, dans son livre si intéressant des *Barons de Creully*, discute les différentes dates de la prise de Bayeux et s'arrête à celle de 1106, indiquée par Ordéric Vital. C'est qu'effectivement, Ordéric Vital et avant lui Wace avaient tous les deux confondu l'année bien connue de la bataille de Tinchebray (28 septembre 1106) avec celle de la prise de Bayeux, qui avait eu lieu plus d'un an auparavant. M. Aug. Le Prévost, de si regrettable mémoire, avait signalé, dans ses notes sur ces deux auteurs, la confusion de ces deux dates, par des arguments irrécusables, et c'est à les reprendre dans les écrivains originaux et à établir par des documents irréfutables la série chronologique de ces événements jusqu'au 28 septembre 1106, jour de la bataille de Tinchebray et de la défaite du duc Robert, que seront consacrées les quelques notes historiques qui suivront cette dissertation.

Tous les historiens anglais contemporains sont

d'accord pour fixer au printemps de l'année 1105 le débarquement du roi Henri à Barfleur. Lisons d'abord Henri d'Huntington (*Hist. de Fr.*, t. XIII, page 33) : *Henricus rex, quinto anno regni sui, perrexit in Normanniam contra fratrem suum certaturus. Conquisivit igitur Cadomum pecuniâ, Bajocum armis et auxilio consulis Andegavensis. Cepit quoque alia plurima castra, et omnes ferè principes normanniæ regi se subdiderunt. His actis, mense Augusto rediit in Angliam.* La cinquième année du règne d'Henri Ier était bien 1105, puisque son frère Guillaume le Roux avait été tué le 2 août 1100, et que lui, Henri, s'était fait couronner dès le 5 du même mois. Ce fut donc après la prise de Bayeux et de Caen qu'il retourna au mois d'août en Angleterre. Il avait tenté inutilement de prendre Falaise, et, suivant tous les historiens, il perdit à ce siége un de ses plus chers partisans, Roger de Glocester, *ex carissimis*, dit Guillaume de Malmesbury ; or, avant de mourir, ce Roger de Glocester fit à l'abbaye de Saint-Pierre de Glocester une donation, rapportée dans les registres de cette maison à l'année 1105 : *Anno Dom. MCV. Rogerus de Glouc. miles, apud Waleyson* (Falaise) *graviter vulneratus, dedit monachis Glouc. pro anima sua, etc., etc.* (*Mon. Anglican.*, tome I, page 113). Ce Roger de Glocester est un tout autre personnage que Robert de Caen, fils naturel du roi et gendre de Robert-Fitz-Haimon, qui fut fait plus tard comte de Glocester. Ce Robert-Fitz-Haimon avait aussi été blessé, au même siége de Falaise, d'un coup à la tête, qui lui ôta l'usage de ses facultés intellectuelles jusqu'à sa mort, arrivée en 1107. (Voy. Guill. de Malmesbury, *loc. cit.*, p. 12.) Mais revenons à notre auteur, Henri d'Huntington : *In anno quidem sequenti venit dux Normannorum ad regem fratrem suum apud Northamptune, amicabiliter ab eo petens ut ablata sibi fraternâ redderet gratiâ. Cùm verò Deus eorum concordiæ non assentiretur, dux iratus perrexit in Normanniam, et rex antè Augustum secutus est eum. Cùm ergo rex obsedisset castrum Tenerchebrai*, etc. Ce texte fait donc voir que, l'année suivante, le duc Robert fut trouver son frère en Angleterre, à Northampton, pour lui redemander les villes qui lui avaient été prises en 1105, et que les deux frères ne s'étant pas entendus, ils étaient de retour tous deux en Normandie avant le mois d'août 1106, un mois avant la bataille de Tinchebray. Passons à un autre historien, rédacteur de la fameuse chronique anglo-saxonne. (*Loc. cit.*, p. 59.) *Anno MCV*. (*Rex H.*) *in Quadragesima transfretavit in Normanniam contra fratrem suum Rotbeardum comitem. Dùm ibi viveret, abstulit fratri Cathum et Baius, et penè omnia castella ac summi viri in ista terra illi erant subditi. Is autem postea in autumno reversus est in hanc terram (Angliam).......*

Anno MCVI. Hoc anno fuit rex Henricus ad Natales in Westmynster, et ibi suam curiam tenuit ; atque in eo festo Rotbertus de Belesme hostiliter a rege ex hâc terrâ in Normanniam discessit. Post hæc ante Quadragesimam fuit rex apud Northamptune, et comes Rotbertus ejus frater è Normanniâ eò ad illum pervenit ; verùm quoniam rex ei recusabat restituere quod in Normanniâ ab illo eripuerat, animis inimicis discesserunt, atque comes reversus est statìm in transmarina.

Postea ante Augustum ivit rex trans mare in Normanniam, etc.

La chronique anglo-saxonne est donc tout à fait d'accord avec notre système. Caen, Bayeux et tant d'autres châteaux furent pris en 1105 ; après cela le roi Henri retourna en Angleterre en automne ; il passa les fêtes de Noël à Westminster (l'année commençait à Noël à cette époque). Avant le carême de 1106, il fut à Northampton ; il y reçut son frère Robert, qui venait lui redemander ce qu'on lui avait pris ; enfin, il retourna en Normandie avant le mois d'août 1106.

Si nous lisons la chronique de Florent de Worcester (*loc. cit.*, page 72), nous trouvons les mêmes faits, mais plus explicites encore :

Anno MCV, rex Anglorum Henricus mare transiit: omnes autem penè Normannorum majores ad ejus adventum, spreto comite domino suo et fide quam ei debebant, in aurum et argentum regis, quod ipse de Anglia illuc portaverat, cucurrerunt, eique castra munitasque civitates et urbes tradiderunt. Ille verò Bajocas, cum Ecclesia Sanctæ Mariæ quæ intus erat combussit, et Cathum fratri suo abstulit, et post Angliam rediit, quia Normanniam sibi totam subjugare nequivit, ut copiosori pecuniá fretus, rediens anno sequenti, quod residuum erat, exhæredato fratre suo, sibi subjiceret.

Anno MCVI, Robertus comes Normanniæ venit in Angliam (ut in Chron. anglo-saxonico).

Ce texte est bien clair. A l'arrivée du roi Henri en 1105 en Normandie, tous les grands du pays, méprisant leur comte, se ruèrent sur l'or que le roi apportait d'Angleterre; et lorsque Bayeux et Caen furent pris, Henri ne voulut pas pousser plus loin sa conquête pour le moment, afin de revenir l'année suivante avec encore plus d'argent. Enfin, la date exacte de la prise de Bayeux se trouve consignée dans les annales de Margan (*apud* Th. Gale, t. II, *Rerum anglic.*, p. 4) :

Ann. MCV. kal. Martii, Henricus Angliæ rex perrexit in Normanniam, ibique demoratus est usque ad Pascha pacifice. Postea, veniente festivitate sancti

Johannis ante Portam Latinam, die dominico, venit manè cum exercitu suo ad civitatem baiocensem, eamque combussit et ecclesias, et plurimam hominum partem occidit : in sextâ verò feriâ, tradiderunt se populi illius civitatis suo dominatui, atque ipsam civitatem, Post hæc VI kal. septembris, in festivitate S. Rufi martyris reversus est in Angliam.

Ce passage, qui est fautif pour le moment de l'arrivée du roi en Normandie, nous donne cependant une date qui paraît sûre pour la prise de Bayeux. Le jour de saint Jean-Porte-Latine est le 6 mai, le dimanche qui l'a précédé tombait en 1105 le 30 avril, ce fut donc ce jour-là que la ville fut investie, et elle ne se rendit que le vendredi 5 mai. C'est une date très-importante pour l'histoire de Bayeux, et je ne me rappelle pas l'avoir vue relevée nulle part. Ces annales nous donnent encore le jour du retour du roi en Angleterre ; ce fut le 27 août, jour de saint Ruf de Campanie, évêque et martyr. D'autres documents que les chroniques viennent encore à l'appui de notre assertion. Le 22 juillet 1105, Anselme, archevêque de Cantorbéry, avait eu avec le roi Henri une entrevue au château de Laigle, et ils y avaient mis à fin leur différend au sujet des investitures (Eadmer, *Hist. nov.*, lib. IV, page 71), et le 15 août de la même année, jour de l'Assomption, peu de temps avant son retour en

Angleterre, le roi, se trouvant à l'abbaye du Bec, avait confirmé ce rapprochement. Anselme en rend compte au pape Pascal II, par une lettre qui nous a été conservée. Il était encore en Normandie au commencement de 1106, puisque Henri lui écrivait d'Angleterre deux lettres fort remarquables dont nous allons donner les passages les plus importants : *Noscat, reverende pater, discretio sanctitatis vestræ, quia frater meus comes Robertus ad me venit in Angliam, et benignè recessit. Me autem scitote in die Ascensionis Domini esse ad mare paratum transire; et cum transiero, per vos et consilium vestrum, ea quæ agenda erunt, agam. Teste W, cancellario, apud Northamptonem.*

Nous avons vu dans la chronique saxonne que Robert était venu trouver son frère à Northampton avant le carême, qui commençait, en 1106, le 7 février; cette lettre est donc de cette époque-là, et prouve que l'intention du roi était de repasser en Normandie vers le temps de l'Ascension, c'est-à-dire au commencement de mai.

Un peu plus tard, Henri écrit encore de Windsor au prélat : *Sciat vestra benigna paternitas quia doleo et nimium intra me contristor præ dolore corporis vestri et infirmitate; et scitote quia, nisi vos opperiebar, jam fuissem in Normanniâ. Gauderem enim si priùs vos reperissem, quàm à regione mea recessis-*

sem..... *Nunc verò opperi me in Normannia : ego enim noviter transibo. Teste W, apud Windeleshoras.* (*Rec. des Hist. de France,* t. XV, pages 66, 67.)

Cette lettre doit être du mois de juillet 1106, puisque Henri repassa en Normandie un peu avant le mois d'août, comme nous l'avons vu dans la chronique anglo-saxonne. Effectivement, Anselme n'avait pas pu se rendre immédiatement à l'appel du roi en Angleterre, il était tombé malade à Jumiége ; Henri l'avait attendu longtemps et maintenant il lui disait de l'attendre à son tour en Normandie, ce que fit l'archevêque en retournant à l'abbaye du Bec. (Eadmer, *in vitâ Anselmi,* lib. II, p. 24.)

Si maintenant nous rapprochons toutes ces données contemporaines, il nous sera possible de nous rendre compte des omissions que nous rencontrons dans Wace et Ordéric Vital. Le premier, pressé de terminer son poëme, nous présente la bataille de Tinchebray comme ayant eu lieu dans la même campagne que la prise de Bayeux et de Caen ; mais il oublie le retour du roi en Angleterre et ses séjours successifs à Westminster, à Northampton et à Windsor avant sa seconde campagne en 1106. Wace, du reste, abonde de détails sur le siége de Bayeux, et est une mine précieuse à consulter sur la fin du xie et sur le commencement du xiie siècle. Les chroniques de Normandie n'en sont qu'un pâle reflet.

Quant à Ordéric Vital, c'est notre historien le plus important pour le règne de Henri Ier, et presque toujours un guide sûr, excepté pour la chronologie, qui y est fort souvent embrouillée. On doit donc y puiser largement les faits, mais les coordonner au point de vue de la critique.

ABRÉGÉ HISTORIQUE

DE LA

GUERRE ENTRE HENRI Ier

ROI D'ANGLETERRE

ET SON FRÈRE ROBERT

DUC DE NORMANDIE

(1100-1106).

Le duc Robert de Normandie quitta la Palestine au mois de septembre 1099. Il fut très-bien accueilli à son passage en Italie par les seigneurs normands, qui y avaient fondé des principautés. Le dernier fils de Tancrède, Roger, comte de Sicile ; un autre Roger, fils de Robert Guiscard, Geoffroi de Conversana, et d'autres parents et alliés s'efforcèrent de faire oublier à leur hôte les fatigues qu'il avait éprouvées en Orient. Robert ne tarda pas à être épris des charmes de la belle Sibylle, fille de Geoffroi de Conversana. Il la demanda en mariage et l'obtint avec une dot de dix mille marcs d'argent, somme dont il avait bien besoin pour récupérer son patrimoine qu'il avait engagé à son frère

Guillaume le Roux, au moment de son départ pour la Palestine.

Au mois de juillet 1100, Robert se mit en route avec sa femme pour la France, et, en traversant Lyon, il y rencontra Anselme, le primat d'Angleterre, qui lui apprit à la fois la mort tragique du roi Guillaume, tué à la chasse le 2 août précédent, et le couronnement de son frère cadet Henri, trois jours après. Robert hâta sa route vers la Normandie ; il y arriva au mois de septembre, et sa première pensée fut d'aller en pèlerinage au mont Saint-Michel, y offrir des actions de grâces de son retour et y chercher des bénédictions pour lui et sa femme qu'il adorait encore.

Il était rentré tout naturellement dans son duché de Normandie, lorsque des insinuations étrangères l'animèrent contre son frère et lui firent regarder comme une usurpation la prise de possession de la couronne d'Angleterre. Dès l'année suivante 1101, de grands seigneurs anglais, redoutant la sévérité du roi Henri, et préférant l'insouciance du duc Robert, se mirent à conspirer sourdement, et envoyèrent en Normandie prévenir le duc que l'occasion était belle d'équiper une flotte et de passer au plus vite en Angleterre. C'étaient Robert de Bellême et ses deux frères, Roger et Arnoul de Montgommeri, le premier comte de Lancastre, le second comte de Pembroke; Guillaume de Varenne, comte de Surrey; Gautier Giffard, comte de Buckingham; Ive de Grantemesnil, Robert de Laci, et beaucoup d'autres qui, d'abord en secret et puis ouvertement, se déclarèrent en faveur du duc contre le roi. Robert séduit par ces ouvertures, commença à aliéner ses propres domaines, et, dans le but d'ôter à son frère le royaume d'Angleterre, il fit des générosités de plusieurs parties de son duché. Ainsi, il donna à Robert de Bellême la possession et les revenus du pays d'Hiémois, le château d'Argentan et la forêt de Gouffern. Un seigneur du Vexin français, Thibaud Paien, avait une fois donné l'hospitalité au duc dans le château de Gisors, château royal dont il n'était que le gouverneur. Robert le lui abandonna; et c'était une grande imprudence, car ce château était la clef de la Normandie de ce côté. Mais il était de sa nature de ne pas savoir refuser, et dans ces circonstances il tira beaucoup d'argent de ses réserves pour le distribuer à ses seigneurs, leur en promettant beaucoup plus encore, s'il parvenait à détrôner son frère. C'est ainsi que s'épuisa vite le trésor qu'il avait rapporté d'Italie, et que la mort du roi Guillaume l'avait dispensé de rendre pour rentrer en possession de son duché de Normandie. On vit alors ce pauvre prince, qui s'était montré si chevaleresque aux guerres d'outre-mer, qui rapportait d'Orient une réputation européenne de bravoure et de désintéressement, puisqu'il avait refusé la couronne du royaume de Jérusalem, on le vit tomber dans la crapule la plus honteuse, s'entourer de baladins, de gens de mauvaise vie, manquer de tout à la tête d'un riche duché, jusqu'à rester quelquefois au lit, faute d'un vêtement pour en sortir. De leur côté, les seigneurs normands, témoins journaliers des folies et des désordres de Robert, éprouvèrent plus de sympathie pour Henri, dont le joug ne pesait pas d'ailleurs immédiatement sur eux, comme sur leurs voisins d'outre-mer. Le clergé, des deux côtés de la Manche, était dévoué à ce dernier, dont la conduite plus régulière et les habitudes respectueuses envers l'Eglise n'avaient rien de choquant pour la décence publique ; et puis il s'opposait avec sévérité à la rapacité de la noblesse et des gens de guerre, cause de mécontentement, du reste, des seigneurs anglais, qui, comme nous l'avons dit, appelaient à haute voix un gouvernement moins ferme, pour pouvoir piller et rançonner tout à leur aise. Des deux côtés, il y avait donc des ferments de révolte, qui ne tardèrent pas à dégénérer en guerre civile. Les insurgés attaquaient leurs voisins restés fidèles à leurs souverains respectifs ; enfin l'arrivée en Normandie de Ranulfe Flambard détermina Robert à passer en Angleterre.

Mais il faut faire connaître ce personnage, qui joua un rôle si influent. Né de parents obscurs, il était parvenu à être doyen de la collégiale de Twinham, dans le Hampshire ; mais, s'étant brouillé avec l'autorité épiscopale, il passa au service de Guillaume le Roux, dont il était chapelain dès 1088, époque à laquelle ce prince le nomma abbé de Winchester ; l'année suivante, Lanfranc étant mort, il le chargea d'administrer au profit du fisc l'archevêché de Cantorbéry, puis, en 1091, l'évêché de Lincoln et d'autres abbayes, dont le nombre s'élevait, en 1097, à seize. Il en réduisit les habitants, tant clercs que laïques, à une telle détresse que, suivant un auteur contemporain (Ann. Winton), ils étaient fatigués de la vie. Peu à peu s'élevant dans la faveur du roi, auprès duquel il remplissait les fonctions de justicier et de trésorier, il parvint aux rangs les plus élevés, se fit redouter par ses exactions et ses cruautés, et ramassa de grandes richesses. Le jour de la Pentecôte 1099, il fut enfin nommé évêque de Durham, quoiqu'il fût complètement dépourvu d'instruction. La mort du roi Guillaume lui fut fatale. Il fut accusé d'avoir par ses fourberies, dilapidé les fonds de l'Etat, et le nouveau roi Henri, qui avait eu à s'en plaindre personnellement, le fit garder étroitement dans la tour de Londres par Guillaume de Magneville. Le rusé prélat s'ingénia dès lors pour sortir de prison.

Il avait conservé des amis, car, bien qu'il fût colère et cruel, quand il le voulait il savait être aimable et gai. Le roi lui envoyait deux sous sterling (1) par jour pour sa nourriture. Il les employait à mener joyeuse vie dans sa prison, et réunissant d'autres ressources encore avec l'aide de ses amis, il se faisait servir chaque jour un splendide festin, auquel il invitait même ses gardiens. Une fois on lui apporta une corde soigneusement cachée dans une cruche de vin. Ranulfe eut soin ce jour-là d'enivrer ses convives, et lorsqu'il les vit endormis et ronflants, fixant solidement sa corde à la colonne qui formait un des meneaux de la croisée de la tour, sans oublier d'emporter son bâton pastoral, l'évêque se laissa glisser le long de la corde. Mais il n'avait pas pris la précaution de mettre des gants, ses mains en furent tout écorchées ; il lâcha prise et tomba rudement au pied de la muraille. Ses amis qui l'y attendaient avec des chevaux et quelques soldats dévoués, accoururent à ses gémissements ; ils le firent pourtant monter à cheval, et il se hâta de gagner la côte, d'où il s'embarqua au plus vite pour la

---

(1) D'après une ordonnance du xiie siècle, citée par Le Blanc, *Traité des Monnaies*, p. 163, il fallait 13 sous et 4 deniers sterling pour valoir un marc d'argent ; les 2 sous valaient donc environ 1/6 du marc, ce qui fait près de 9 livres ; mais le pouvoir de l'argent était bien huit fois plus fort qu'aujourd'hui. Ranulfe avait donc de 70 à 80 francs par jour.

Normandie, où il arriva au commencement de février 1101. Sa mère, qui passait pour une vieille sorcière, s'était chargée de lui apporter son trésor ; mais des pirates le lui enlevèrent pendant la traversée, et ce fut dans un état complet de nudité qu'elle fut jetée sur les côtes normandes. Ranulfe Flambard fut bien accueilli par le duc Robert, qui se laissa entraîner par ses conseils. L'évêque l'excita de plus en plus contre son frère, l'engagea à lui déclarer la guerre, lui dit les moyens à employer pour le détrôner, et lui promit enfin toute son assistance.

Ce ne fut cependant que dans l'automne de l'année 1101 que le duc Robert se décida à passer en Angleterre. Il équipa une flotte au Tréport et fut débarquer à Portsmouth. Il y fut reçu par les grands du royaume qui l'avaient appelé et lui avaient même déjà rendu hommage. Conduit dans les environs de Winchester, et là s'appuyant sur un parti de rebelles, le duc menaça son frère de l'attaquer s'il ne déposait la couronne. Beaucoup de mécontents, qui jusqu'alors pour la forme avaient tenu le parti du roi, vinrent grossir l'armée de Robert en se déclarant ouvertement pour lui. De ce nombre étaient Robert de Bellême, Guillaume de Varenne et plusieurs autres, qui avaient profité du débarquement du duc pour demander au roi des concessions qu'il avait dû refuser. Robert de Meulan, au contraire, Richard de Reviers, étaient au nombre des barons qui restaient fidèles à Henri. Quant au peuple anglais, il était fort embarrassé de choisir entre les deux frères celui auquel il s'attacherait de préférence.

Henri, dans un but tout politique de conciliation, avait épousé, il y avait à peine un an, Mathilde, fille du roi d'Écosse Malcolm et petite-fille d'Edouard le Confesseur Il avait donc l'avantage d'avoir pour femme l'héritière des rois anglo-saxons; en outre, il était né depuis la conquête. Mais cette nation n'était pas encore revenue de la terreur que lui inspiraient les guerriers normands depuis la bataille d'Hastings. Le roi était obligé de les passer souvent en revue, de leur apprendre lui-même l'exercice et l'usage des armes, pour leur inspirer quelque fermeté sur le champ de bataille; et les seigneurs normands, indignés de toutes ces cajoleries, le flétrissaient du sobriquet de *Godric*, et sa femme de celui de *Goddrive* (1).

Robert, comte de Meulan, fils de Roger de Beaumont, avait vieilli dans les conseils du roi d'Angleterre. Dans son extrême jeunesse, il avait combattu à Hastings; plus tard il avait été appelé à servir d'intermédiaire entre Guillaume le Conquérant et son fils Robert, en pleine révolte. Lorsque Guil-

---

(1) Ces sobriquets correspondaient au mot *God-dam*, qui se dit encore en manière d'injure.

laume le Roux fut sur le trône, il fut un de ses plus chauds partisans, et eut une immense influence à la cour. Cette influence, il la gardait auprès du roi Henri, et jouissait de toute la puissance, de toutes les richesses, qu'une habileté et une avidité sans bornes avaient pu accumuler. Les circonstances actuelles l'embarrassaient fort, et il roulait dans sa tête tous les conseils qu'il pourrait donner au roi. Voici le discours que l'historien Ordéric Vital lui fait adresser à son souverain : « Tout homme hon-
« nête et ayant le cœur bien placé, lorsqu'il voit un
« ami dans l'embarras, doit saisir cette occasion de
« prouver son amitié, en faisant tous ses efforts
« pour le tirer de peine. Rejetant loin de lui toute
« idée de future récompense, toutes ses pensées
« doivent être fixées sur l'aide qu'il pourra donner
« à son ami malheureux. Eh bien ! nous en voyons
« beaucoup qui agissent autrement aujourd'hui, et
« qui trahissent honteusement la foi qu'ils doivent
« à leur souverain. Nous le voyons et nous en souf-
« frons cruellement. Quant à nous, auxquels le
« Ciel a départi la mission de veiller au bien pu-
« blic, à la sûreté du royaume et à la défense de
« l'Eglise, nous devons nous appliquer avec grand
« soin à vaincre pacifiquement, sans effusion de
« sang, et à maintenir le peuple dans sa fidélité et
« dans sa tranquillité. Ecoutez donc, ô mon roi, les

« conseils que j'ose vous donner et que je vous sup-
« plie de suivre. Parlez à vos troupes comme un
« père à ses enfants, soyez doux dans vos paroles,
« prodigue de promesses; accordez tout ce qu'ils vous
« demanderont, gagnez ainsi le cœur de tous. S'ils
« vous demandaient Londres, Yorck même, pro-
« mettez tout, ce sera une royale munificence !
« Mieux vaut abandonner un morceau de son
« royaume que de perdre la victoire, écrasé par le
« nombre de ses ennemis. Mais si jamais avec l'aide
« de Dieu nous venons à bout de cette affaire, alors
« nous verrons à recouvrer nos domaines, que nos
« déserteurs auraient osé occuper à la faveur de la
« guerre. N'est-il pas certain que celui qui trahit
« son maître dans le danger, que l'appât du gain
« fait passer dans un autre camp, que celui qui
« cherche à vendre ses services à son roi, que celui
« qui ne craint pas de le dépouiller de son domaine
« héréditaire, que celui-là, dis-je, doit être jus-
« tement condamné, et, comme un traître qu'il est,
« dépouillé de ses biens et jeté en exil? » Ce discours
tout à fait en harmonie avec ce que l'on sait de la
loyauté très-relâchée de Robert de Meulan et de son
souverain, eut le plus grand succès dans le conseil
particulier du roi, qui, s'empressant de le suivre,
s'assura par des présents et des promesses des gens
qui passaient encore pour suspects.

Henri se mit en marche avec une armée contre son frère, et lui envoya demander pourquoi il avait osé débarquer en Angleterre à la tête d'une force armée. Robert répondit : « Je suis entré dans le « royaume de mon père à la tête de mes grands, et « je le redemande, comme m'étant dû par droit « d'aînesse. »

Nous avons vu que Robert avait débarqué à Portsmouth ; il s'était dirigé d'abord sur Winchester ; mais apprenant que sa belle-sœur, la reine d'Angleterre, y était en couches, par un esprit tout chevaleresque, il avait changé de route et marché sur Londres. Henri, de son côté, qui avait attendu son frère sur un autre point du littoral, se trouva le rencontrer dans une plaine à quelques milles de Londres, probablement à Hamptoncourt, suivant le témoignage de Wace. Là les deux frères restèrent quelques jours en présence et s'envoyèrent mutuellement des parlementaires. Les grands seigneurs qui avaient passé du côté du duc auraient voulu la guerre, ils auraient volontiers sacrifié le repos public à leur propre ambition ; aussi tournaient-ils toujours du mauvais côté toutes les paroles des envoyés du roi. Celui-ci s'en apercevant témoigna le désir d'avoir avec son frère une entrevue, où il pourrait s'entendre directement avec lui. Elle eut lieu en face des deux armées, qui firent un immense cercle autour des deux frères, et là, au bout de peu de temps, on les vit se jeter dans les bras l'un de l'autre et s'embrasser. Effectivement la tendresse fraternelle avait paru prendre le dessus dans cette rencontre de deux frères ennemis au fond, ou plutôt le caractère de Robert s'était retrouvé, et en face de son frère, son cœur s'était adouci ; il renonça à ses prétentions sur l'Angleterre, renonça encore à l'hommage que lui avait fait autrefois Henri, dont la dignité royale eût été blessée actuellement. De son côté, le roi lui promit une rente annuelle de trois mille livres sterling, et ne conserva en Normandie que la ville de Domfront, abandonnant ses prétentions sur tout le reste du duché y compris le Cotentin. Enfin, ils se jurèrent une aide mutuelle pour recouvrer les états qu'avait possédés leur père, et se promirent de punir également tous ceux qui chercheraient à semer entre eux de criminelles divisions.

Après le licenciement des troupes, le duc Robert resta encore deux mois auprès de son frère, puis à l'approche de l'hiver il retourna en Normandie, accompagné de Guillaume de Varenne et de plusieurs autres seigneurs qui, s'étant compromis pour lui, se trouvaient actuellement déshérités de leurs biens en Angleterre.

En effet, l'année 1102 s'ouvrit dans ce pays par

une violente réaction contre les personnes qui avaient prêté leur appui au duc ; et Robert Malet, Ive de Grantemesnil, Robert de Pontefract, fils d'Ilbert de Laci, et enfin Robert de Bellême, le plus puissant de tous ces grands seigneurs, se virent appelés en jugement par ordre du roi. Les uns furent condamnés à verser au trésor de grandes sommes d'argent, les autres furent exilés et dépouillés de leurs propriétés. Le comte de Bellême eut contre lui seul quarante-cinq chefs d'accusation. Il fut sommé de comparaître et de répondre à chacun d'eux. La tâche lui parut trop lourde, il demanda et obtint, comme c'était l'usage, de paraître au tribunal accompagné de tous les siens ; mais aussitôt qu'il fut à cheval, il s'enfuit au plus vite et se renferma dans ses châteaux forts. Le roi le menaça de le déclarer ennemi public du royaume et de le mettre hors la loi, s'il ne se présentait pas devant sa cour de justice. Robert de Bellême n'en fit rien, il se fortifia de plus en plus, et réunit un corps de troupes composé de Normands et de Gallois. Henri se mit alors à la tête de ses troupes et fut assiéger le château d'Arundell. Ce château est situé tout près de la mer, dans le comté de Sussex, sur la rivière d'Arun. Il existe encore aujourd'hui et appartient à la famille Howard. Le siége se fit d'une singulière manière, mais fort en usage dans ce temps-là. Le roi fit entourer le château d'Arundell par une suite de fortifications qui en bloquaient toutes les issues, et, ces travaux terminés, il congédia son armée de siége pour trois mois. Dans cet intervalle de temps, les assiégés firent demander une trêve, pour savoir de leur maître s'ils avaient du secours à attendre de lui ou s'il fallait se rendre. Le roi l'accorda; ils envoyèrent aussitôt des députés à Robert de Bellême, qui lui-même occupé à construire et fortifier le château de Bridgenorth, sur la Saverne, ne pouvant avoir ni envoyer aucun secours, fut contraint bien malgré lui de leur dire de s'arranger avec le roi. Les députés revinrent à Arundell, et la capitulation se fit immédiatement. Henri, suivant son système de corruption, fit des présents considérables à ceux qui venaient de se rendre, et de là porta son camp devant Blyth, fort château de Nottinghamshire, que Robert de Bellême avait acquis par droit de parenté, à la mort de son ancien propriétaire, Roger de Bulli. Mais là les habitants furent au devant du roi, et le reconnurent avec joie pour leur légitime souverain.

Sur ces entrefaites, Henri écrivit à son frère le duc de Normandie, pour lui rappeler les conventions qu'ils avaient faites entre eux l'année précédente, lui dénoncer Robert de Bellême comme leur ayant forfait à tous deux et s'étant soustrait à sa cour de justice. Le duc rassembla aussitôt des troupes et fut assiéger le château de Vignats, près de Falaise. Girard de St-Hilaire le défendait pour le comte de Bellême. Les assiégés ne demandaient qu'un simulacre d'assaut pour se rendre; mais le duc, toujours indolent et mou, n'avait établi autour de lui aucune discipline. Robert de Montfort et d'autres capitaines de son armée, ne s'entendant pas entre eux, spontanément mirent le feu à leurs propres tentes. Cet incendie mit en émoi les troupes. Alors ils profitèrent du tumulte pour prendre la fuite, comme s'ils étaient poursuivis, et ils entraînèrent avec eux tous ceux qui étaient déjà mécontents de servir sous le duc Robert. Les assiégés, voyant cette déroute imprévue, sortirent en poussant de grands cris, et se rassurant peu à peu par l'absence d'ennemis, commencèrent à piller tout le pays environnant. Dans l'Hiémois, Robert de Grantemesnil, Hugues de Montpinçon et Robert de Courci, ses beaux-frères, s'opposèrent tant qu'ils purent à ces désordres; mais les insurgés, alléchés par l'espoir du butin, devinrent de plus en plus cruels: ils s'emparèrent ou possédaient déjà le Château-Gonthier, sur la commune de la Courbe, près d'Ecouché; Fourches, près de Coulibeuf, Argentan, et furieux de voir quelques-uns de leurs voisins les maudire et chercher à les réprimer, ils tombaient sur les biens des pauvres habitants des campagnes, leur enlevaient tout et réduisaient en cendres leurs maisons.

Henri, lui, ne s'endormit pas comme son frère ; il réunit toutes ses légions et fut faire, pendant trois semaines, le siége du château de Bridgenorth; que Robert de Bellême avait confié à Roger, fils de Corbet, à Robert de Neuville et à un grand chasseur de profession, nommé Ulger. Il leur avait laissé quatre-vingts soldats stipendiaires et s'était retiré à Shrewsbury. Il avait fait auparavant la paix avec les Gallois, et ayant gagné à sa cause les fils de Rhys-ap-Owen, l'un des princes du South-Wales, il se servait de leurs troupes pour harceler celles du roi. Mais, d'un autre côté, s'étant aliéné les services d'un brave militaire, Guillaume Pantoul, auquel il avait pris son patrimoine, ce dernier s'offrit au roi. Henri le reçut avec joie ; lui confia immédiatement deux cents hommes et la garde du château de Stafford, qui était dans le voisinage. Il y avait bien dans le camp du roi, devant Bridgenorth, des grands seigneurs qui n'auraient pas aimé voir Robert de Bellême réduit à toute extrémité ; ils en redoutaient les conséquences pour eux-mêmes, et envisageaient avec peine l'accroissement de la puissance royale aux dépens de la leur. Mais il y avait là sur une hauteur un camp de trois mille soldats des campagnes, qui, entendant parler de paix et d'ac-

commodement, crièrent au roi : « Ne croyez pas ces
« traîtres; ils veulent vous tromper, vous enlever
« le pouvoir en vous engageant à pardonner à ceux
« qui en veulent à vos jours. Nous voici, nous
« autres, vos fidèles soldats, prêts à vous seconder
« en tout ; faites donner l'assaut au château, et ne
« faisons la paix que lorsque nous tiendrons le
« comte de Bellême mort ou vif. » Henri, animé
par cette démonstration, tourna le dos à ceux qui
cherchaient à le détourner du siége ; et recevant la
nouvelle que Pantoul lui avait gagné les princes
gallois dont nous venons de parler, il ne douta plus
du succès de ses armes. Il manda les trois principaux
chefs de Bridgenorth, et leur déclara que si dans
trois jours la place ne se rendait pas, il ferait pendre
tous ceux qui tomberaient entre ses mains. Effrayés
de ces menaces, ils prièrent Guillaume Pantoul, qui
était leur parent, de s'interposer entre eux et le roi,
et la capitulation ne tarda pas à être convenue de
part et d'autre, moyennant promesse d'augmentation
de territoire pour eux. Les habitants de la ville, qui
y voyaient leur avantage, acquiescèrent aux propositions du roi et firent savoir immédiatement à Robert de Bellême qu'il leur était impossible de résister plus longtemps à l'armée royale. Il se passa
dans cette circonstance un fait caractéristique des
mœurs de ce temps-là. Nous avons vu que le comte

de Bellême avait laissé dans la place des soldats stipendiaires. Ces hommes attachaient un grand amour-propre à ne jamais trahir la cause de celui qui les payait, quel qu'il fût. Bien différents des troupes composées des gens des communes, leur métier était la guerre, et ils savaient qu'en ne soutenant pas bien leur réputation, ils risquaient de n'être plus employés. Aussi furent-ils surpris de cette capitulation que l'on avait conclue sans les consulter. Ils en furent indignés et voulurent s'y opposer les armes à la main. Mais les habitants les enfermèrent dans un fort écarté, et reçurent avec joie les troupes royales qui entrèrent enseignes déployées. Le roi, approuvant les sentiments qui animaient les soldats du comte de Bellême, leur permit de se retirer avec leurs armes et leurs chevaux. En sortant, ils furent obligés de passer devant les rangs des troupes assiégeantes; ils éclatèrent alors en sanglots, se plaignant de la trahison des chefs et des habitants du château, et se disant à haute voix victimes d'une conspiration, car ils craignaient que leur malheur ne rejaillît comme une honte sur d'autres soldats stipendiaires.

Quant à Robert de Bellême, il devint comme fou lorsqu'il apprit que son fort château de Bridgenorth était entre les mains du roi. Celui-ci ne lui laissa pas un moment de repos. Il donna l'ordre de marcher sur Shrewsbury et d'en faire le siége. Les difficultés de terrain ne l'arrêtaient pas. Il fallait traverser un défilé étroit, très-resserré entre des rochers couverts de broussailles épaisses. Deux cavaliers n'y pouvaient passer de front, et ils étaient exposés aux flèches des ennemis, qui pouvaient facilement se cacher dans les bois. Henri avait sous ses ordres à peu près soixante mille fantassins ; il leur ordonna de couper tous les arbres de la forêt et de faire immédiatement une belle route qui pût durer éternellement. Les ordres du roi furent ponctuellement exécutés, et là où peu de temps auparavant était une forêt impénétrable, s'ouvrit comme par enchantement une large voie dont toutes les aspérités du sol furent nivelées.

Si nous nous étendons un peu longuement sur tous ces détails, c'est qu'ils sont une image vraie du degré de civilisation auquel on était arrivé au commencement du XIIe siècle ; et une époque ne se comprend bien qu'en étudiant la puissance et les mœurs des peuples et des personnages qui vivaient alors. Nous avons toujours pensé que cette révolte du comte de Bellême contre son souverain était un des épisodes les plus intéressants de cette guerre entre les deux frères, et qu'à ce titre, les détails n'en paraîtraient pas surabondants.

Robert de Bellême fut effrayé de tant d'audace, et se voyant pressé de toutes parts, il fut forcé d'implorer la clémence du roi. Celui-ci ne voulut point entendre parler de pardon, et continua sa route vers Shrewsbury. Robert, miné par le chagrin et la rage d'être vaincu, ne trouva chez ses amis que le conseil d'aller au devant du roi et de lui livrer les clefs de la ville. Henri le reçut sévèrement, et lui déclara que tous les biens que lui et ses partisans avaient en Angleterre étaient confisqués, mais qu'il lui permettait de se retirer sain et sauf avec ses armes et ses chevaux, et qu'il le ferait même escorter jusqu'au rivage de la mer. Ce fut alors que dans toute l'Angleterre on s'écria que le roi Henri pouvait désormais régner tranquillement, puisqu'il avait vaincu Robert de Bellême ; et, suivant les expressions de notre vieil historien normand, Ordéric Vital, dans le royaume d'Albion il se fit enfin un grand silence.

Robert, le cœur gonflé de colère et d'amertume, passa en Normandie, et se vengea en y exerçant sur ses compatriotes toutes espèces de cruautés. Brûlant les récoltes, faisant des prisonniers et se plaisant à les torturer, se livrant à tout ce que la barbarie et la rage ont de plus insensé et de plus odieux, il devint la terreur de toute la contrée. Il serait impossible de décrire ici tous les malheurs qui accablèrent la Normandie pendant les trois années qui suivirent. Nous tâcherons seulement d'en donner une idée par quelques faits détachés de l'histoire générale ; et ce fut dans une confusion d'atrocités et de guerres civiles que se termina dans ce duché l'année 1102.

Nous avons vu que, parmi les seigneurs qui avaient accompagné le duc Robert à son retour en Normandie l'année précédente, se trouvait Guillaume de Varenne. Ce personnage était fort compromis auprès du roi d'Angleterre, et, par le fait de confiscations prononcées contre lui, il avait perdu le comté de Surrey, qui lui valait un revenu annuel de mille livres d'argent. Il supplia le duc de le recommander au roi et d'obtenir la restitution de ses biens et de ses honneurs. Robert toujours facile pour ses amis, se décida à faire dans ce sens une démarche auprès de son frère, et passa brusquement en Angleterre. C'était dans les premiers mois de l'année 1103. Le roi apprit ce débarquement avec colère ; il n'aimait pas Guillaume de Varenne et avait sujet d'être mécontent de Robert pour son indolence et sa négligence à poursuivre en Normandie ses ennemis qui s'y étaient réfugiés. Il lui fit savoir sous main qu'il avait fait une grande imprudence en venant en Angleterre avec peu de monde, et qu'il ne tarderait pas à s'en repentir. Le duc s'aperçut alors qu'il avait agi à la légère, et commença à craindre d'être pris au piége et de ne pouvoir plus retourner librement sur ses pas. Cependant, par ordre du roi, il trouva une escorte d'honneur, et rien ne trahit à l'extérieur la froideur de l'accueil des deux frères. Le duc affecta une gaieté qu'il n'avait pas, et le roi dissimula son mécontentement sous un visage souriant. Dans l'entretien qu'ils eurent ensuite, Henri engagea rudement son frère à agir avec plus de vigueur en Normandie, lui reprochant d'être plutôt moine que comte, de ne pas tirer de vengeance des traîtres à la paix publique, de n'exercer aucune discipline rigoureuse sur les fauteurs de troubles, enfin d'avoir bien reçu dernièrement Robert de Bellême, et de lui avoir même donné des domaines qui avaient appartenu à leur père, comme Argentan, l'Hiémois et la forêt de Gouffern. Le duc, qui n'était pas rassuré sur les intentions de son frère, promit humblement de faire mieux à l'avenir ; et pour gage de sa bonne volonté, il abandonna à la reine les trois mille livres de rente qui avaient été stipulées pour lui dans le traité de 1101. Henri fut apaisé par cette générosité ; il renouvela alors la paix avec Robert, et consentit à rendre à Guillaume de Varenne son comté de Surrey. Ce seigneur devint dès lors et resta plus de trente-trois ans un des plus chauds partisans du roi Henri.

Quant au duc de Normandie, il retourna au plus vite dans son duché. Ce voyage l'avait attristé par ses déplorables résultats ; il réfléchissait sur ce qu'il y avait perdu, n'en rapportant que de la honte et le mépris de ses sujets ; et dans quel affreux état il retrouvait la Normandie ! Les villes étaient dépeuplées, les églises brûlées ; Robert de Bellême, qui possédait de grandes richesses et plus de trente châteaux forts dans ce malheureux pays, lui faisait le plus de mal possible. Non-seulement il avait hérité des propriétés normandes de son père, Roger de Montgommeri, mais il avait pris la part de ses frères. Un de ceux-ci, Arnoul, se lassa de guerroyer pour un frère qui lui avait fait perdre ses biens en Angleterre et qui voulait encore lui enlever ce qu'il possédait en Normandie. Il fut trouver le duc Robert, et lui livra le château d'Almenèches avec quelques troupes. Cette défection dans le parti des rebelles, mit tout à feu et à sang dans les environs de Séez. Almenèches est situé entre Argentan et Séez ; il y avait là une abbaye récemment rétablie par Roger de Montgommeri, et c'était sa fille Emma, sœur par conséquent de Robert de Bellême et d'Arnoul, qui en était abbesse. Dans ces temps malheureux, les monastères n'étaient plus un abri. Au mois de juin de cette année 1103, les troupes du duc prirent leurs quartiers à Almenèches et établirent leurs chevaux dans l'église même de l'abbaye. Robert de Bellême y accourut aussitôt, et sans s'inquiéter de sa sœur, il mit le feu au monastère et fit prisonniers tous ceux qui s'y étaient établis. Emma, avec trois de ses religieuses, se réfugia à Saint-Evroul, dans la cellule où ce saint solitaire s'était autrefois retiré. Elle ne retourna que l'année suivante dans son abbaye, dont elle rétablit l'église et une partie des bâtiments.

Le duc, à la tête de son armée, s'avança jusqu'à Hiesmes. Cette ville autrefois fortifiée et qui a joué à plusieurs reprises un grand rôle dans l'histoire du moyen âge normand, est aujourd'hui bien déchue de son ancienne grandeur, et plus connue sous le nom d'Exmes, elle n'est plus qu'un bourg de l'arrondissement d'Argentan. On ne voit plus rien de ses anciennes fortifications, qui résistèrent à bien des siéges, et qui s'apercevaient de loin, étant situées sur une élévation qui dominait tout le pays d'Hiémois.

. Roger de Laci, connétable des troupes du duc, avait envoyé à Hiesmes Mauger de Malherbe, pour défendre ce château. Il y reçut son maître avec joie, et la haine contre Robert de Bellême était si forte, que tous les seigneurs des environs se hâtèrent d'accourir au devant du duc. C'étaient Guillaume, comte d'Evreux; Rotrou, comte de Mortagne, Gislebert de Laigle, Robert de Saint-Ceneri et Hugues de Nonant sur Queuge, qui, quoique plus pauvre que les autres, était peut-être un de ceux que le comte de Bellême craignait le plus; car il avait eu assez de résolution pour opposer à son puissant voisin une grande résistance et user souvent de réprésailles envers lui. La paresse et l'insouciance du duc mit à néant toute cette armée qui s'était réunie autour de lui. Ne se gardant pas, il fut attaqué vigoureusement par Robert de Bellême sur une chaussée dans le voisinage d'Hiesmes, du côté de la Briquetière, commune traversée par une voie romaine, qui a conservé dans la mémoire du peuple le souvenir d'une grande bataille, et dans le sol de laquelle on a trouvé des débris d'armures et de lances. (*Mém. des Ant. de Normandie,* t. IX.) L'armée ducale fut enfoncée sur tous les points, mise en déroute et les principaux chefs en furent faits prisonniers. Parmi eux se trouvait Guillaume de Conversana, frère de la duchesse Sibylle ; il aimait beaucoup son beau-frère et l'avait accompagné en Normandie, où il était un de ses principaux conseillers.

Le comte de Bellême, enflé par ce succès, se crut un instant destiné à s'emparer de toute la Normandie ; il venait de remporter une grande victoire sur un prince et des guerriers qui s'étaient signalés dans l'Orient et en face de toute l'Europe par leurs exploits militaires ; il força tous ses voisins à subir son joug odieux. Ceux-ci, bien malgré eux, s'y soumirent, n'osant pas lui résister. Il s'empara d'Hiesmes que venait d'abandonner le duc, et de beaucoup d'autres châteaux, parmi lesquels celui de Château-Gonthier, près de la Courbe, que nous avons vu plus haut entre les mains de quelques brouillons du pays. Il ne se laissa pas cependant tout à fait éblouir par la fortune ; et lorsque le duc lui fit quelques ouvertures de paix, il les accueillit favorablement. Leur pensée constante était la menace d'une intervention armée de la part du roi d'Angleterre dans les affaires du duché ; et ils savaient qu'ils auraient alors besoin l'un de l'autre pour résister à l'ennemi commun. Le duc reconnut donc toutes les possessions du comte en Normandie, contrairement à ce qu'il avait promis à son frère ; et Robert de Bellême s'engagea à le soutenir, le cas échéant, contre les prétentions du roi d'Angleterre.

Ce fut alors que Serlon, évêque de Séez, que Raoul d'Escures, abbé de Saint-Martin de Séez, redoutant la puissance et la tyrannie du comte de Bellême, l'excommunièrent et s'enfuirent en Angleterre auprès du roi.

Il se place, au milieu de tous ces brigands du moyen âge, une douce figure ; c'est celle de Sibylle que Robert de Normandie avait épousée à son retour d'Orient. Nous l'avons vue traverser la France avec son nouvel époux, et aussitôt arrivée en Normandie, vouloir aller faire un pèlerinage au mont Saint-Michel, et mettre ainsi son union sous la protection du puissant archange. Mais elle avait un mari beaucoup trop léger pour son bonheur ; et elle expia cruellement, pendant son court séjour en Normandie, la faute qu'elle avait commise de quitter, pour s'attacher à un prince sans tête et sans mœurs, le beau climat, la civilisation splendide et avancée de l'Italie méridionale. Ayant beaucoup plus d'intelligence des affaires que son mari, celui-ci lui en laissait la direction pendant ses fréquentes absences. Elle lui avait donné un fils en 1101 ; mais depuis sa santé s'était altérée. S'il faut en croire un auteur contemporain (Guillaume de Malmesbury), ayant eu après ses couches une trop grande abondance de lait, on lui serra si maladroitement le sein avec des bandelettes qu'il s'ensuivit une maladie, qui finit par l'emporter pendant le carême de cette année 1103. Mais l'opinion générale fut qu'elle fut victime de l'inconduite de son mari. Celui-ci, en effet, avait cédé trop facilement aux séductions d'Agnès, veuve de Gauthier Giffard et sœur d'Anselme de Ribemont, un des historiens de la première croisade. (*Spicilége d'Achéri.*) Cette Agnès scandalisait toute la Normandie par ses liaisons adultères avec le duc Robert, qu'elle espérait épouser aussitôt que Sibylle mourrait ; et la duchesse étant morte sur ces entrefaites, on ne douta pas qu'elle n'eût été empoisonnée. Elle mourut très-regrettée ; douée de beaucoup de grâces extérieures, elle fut toujours d'une conduite irréprochable, et, suivant Ordéric Vital, qui est un de ceux qui affirment sa fin tragique, elle eût pu sauver les affaires de son mari si elle avait vécu. Elle fut enterrée avec grande pompe dans la cathédrale de Rouen. Ducarel, voyageur et archéologue anglais, qui parcourait la Normandie en 1767, vit encore sa tombe dans la nef de cette église. Les événements qui suivirent et qui se terminèrent, comme nous le verrons, d'une façon terrible pour le duc Robert, empêchèrent son mariage avec Agnès, et frustrèrent celle-ci de toutes ses espérances.

L'année 1103 s'acheva au milieu de guerres intestines au sujet de la succession de Guillaume de Breteuil; nous n'en dirons pas ici les détails, qui n'auraient pas un bien grand intérêt; mais Robert, par l'agitation perpétuelle du pays, agitation qu'il ne savait réprimer, s'aliénait de plus en plus les grands seigneurs normands, qui appelaient à grands cris le roi Henri sur le continent. Ce dernier avait très-bien accueilli l'évêque de Séez, qui lui retraçait sans cesse le déplorable état de la Normandie. L'évêché de Rochester étant devenu vacant, il y avait nommé Raoul d'Escures, cet autre qui s'était soustrait à la tyrannie de Robert de Bellême. Enfin, en 1104, il se décida à passer en Normandie. Il équipa une flotte importante, et ne tarda pas à débarquer sur les côtes normandes. Il fut à Domfront, et visita encore d'autres places fortes qui le reconnaissaient pour souverain, en dépit du traité conclu précédemment avec son frère. Les caractères des deux frères se retrouvent toujours dans cette guerre fratricide. Robert, gai, léger, insouciant, bon et généreux au fond, ne sachant jamais refuser, oubliant facilement les injures, se trouvait souvent dénué de tout, et laissait aller les choses d'une manière déplorable, ce qui lui aliénait le cœur des hommes sensés et tranquilles. Henri, au contraire, dur et vindicatif, mais sachant dissimuler, profitait adroitement de toutes les fautes de Robert, accueillait toutes les plaintes, et s'en faisait un prétexte plausible pour intervenir dans les affaires du duché et finir par s'en emparer. Dans cette tournée qu'il fit en Normandie, il fut très-bien reçu des seigneurs qui relevaient de lui, et accepta les présents que l'usage autorisait à faire à la majesté royale. C'étaient Robert, comte de Meulan; Richard, comte de Chester; Étienne, comte d'Aumale, et Henri, comte d'Eu; Rotrou, comte de Mortagne, et Eustache, comte de Breteuil; Raoul de Conches, Robert-Fitz-Haimon, Robert de Montfort, Raoul de Mortemer et plusieurs autres, qui, possédant de grandes terres en Angleterre, étaient venus au devant du roi et s'offraient à combattre pour lui contre tous les habitants du continent. Henri, au bout de quelques jours, demanda une entrevue à son frère. Celui-ci s'y rendit accompagné, comme toujours, de quelques parasites. Le roi lui reprocha alors de n'avoir pas tenu le traité convenu entre eux, en faisant la paix avec Robert de Bellême, avec cet homme qui les avait trahis tous les deux; il revint sur cette éternelle concession d'une partie du territoire paternel; il lui dit que c'était grâce à sa paresse que tous les voleurs, les mauvais sujets, tous les malfaiteurs avaient beau jeu autour de lui ; qu'obéissant à une foule de jeunes débauchés, il leur abandonnait la Normandie; que c'était en vain qu'il s'appelait prince, s'il n'en exerçait pas le métier, et s'il laissait l'Église et le peuple sans défense contre les loups-cerviers qui les persécutaient. Les grands seigneurs qui entouraient le roi se joignirent à ces reproches, se plaignant de l'état de trouble dans lequel se trouvait le pays par suite de la non-exécution des traités par le duc. Celui-ci, qui ne pouvait guère défendre la mauvaise troupe d'histrions qui l'accompagnait, enveloppé comme dans un réseau d'inextricables difficultés, crut devoir céder au plus fort, et pour apaiser son frère, il lui céda le comté d'Évreux. Guillaume, comte d'Évreux, était un vieillard qui avait blanchi sous le harnois. Petit-fils de l'archevêque Robert et, par conséquent, cousin issu de germain de Guillaume le Conquérant, il avait combattu à Hastings. Il dut s'étonner de la facilité avec laquelle on disposait de

lui comme d'un bœuf ou d'un cheval, dit notre vieil historien Ordéric Vital ; il accourut à la conférence, et dit franchement ce qu'il en pensait :
« J'ai servi votre père toute ma vie, jamais je ne lui
« ai manqué de parole. Après sa mort, j'ai servi de
« même son héritier, et cela de toutes mes forces.
« Mais, comme dit l'Évangile, on ne peut pas
« plaire à deux maîtres à la fois, je dois donc opter
« pour un seul. J'aime le roi, j'aime le duc. Tous les
« deux sont les fils de mon maître, je les vénère
« tous les deux ; mais je ne veux rendre hommage
« qu'à un seul, et dès lors le servir loyalement. »
Ces paroles plurent extrêmement à toute l'assemblée. Le duc Robert prit le comte d'Évreux par la main et le conduisit lui-même au roi son frère. La paix fut donc faite encore une fois, et peu de temps après, avant l'hiver, Henri retourna en Angleterre.

Quel tableau pourrait-on faire, qui pût peindre exactement l'état déplorable de la Normandie pendant les derniers mois de cette année 1104 et le commencement de 1105! Robert de Bellême, son neveu le comte de Mortain, et bien d'autres grands seigneurs, qui agissaient comme de vrais brigands, firent le plus de mal possible à tous ceux qui penchaient pour le parti du roi. Ces guerres civiles ruinaient le pays, et retombaient de tout leur poids sur les malheureux habitants. On ne voyait partout que meurtres et rapines, que des maisons incendiées. Les paysans fuyaient en France avec leurs femmes et leurs enfants, emportant tout ce qu'ils pouvaient avec eux. Ces gens, qui se vantaient d'avoir vaincu l'Angleterre et la Pouille, étaient réduits à quitter leur propre pays et à aller chercher du travail dans les champs de leurs voisins soumis au roi de France. En Normandie, plus de culture, les campagnes étaient abandonnées, de mauvaises herbes couvraient le sol partout. L'Église désolée invoquait le ciel à son aide, et le clergé n'avait d'espoir que dans le roi d'Angleterre, auquel arrivait un cri suprême de douleur et d'espérance.

Au milieu de cette désolation générale, Caen et Bayeux s'étaient prononcés avec vigueur en faveur du duc Robert. Ce fut dans le courant de l'année 1104 que ce prince avait fait exécuter à Caen des travaux qui prouvaient au moins quelque sollicitude pour cette ville. Il y fit creuser un canal qui fit une île du quartier Saint-Jean, et entoura tout ce terrain de murs et de tours, ce qui en fit pour la ville un corps de défense avancé. (*Essais historiques sur la ville de Caen*, par l'abbé de La Rue, tome I, p. 66.) Quant à la ville de Bayeux, elle était commandée par Gontier d'Aunai, chevalier d'un grand courage et d'une haute noblesse. Dans l'autre camp était le baron de Creully, Robert-Fitz-Haimon, qui voulait soumettre Bayeux à l'autorité du roi Henri. La paix jurée entre les deux frères se rompait pour ainsi dire malgré eux ; la guerre était partout déjà dans les premiers mois de l'année 1105. Un jour, Robert-Fitz-Haimon fut surpris par des troupes venues de Bayeux et de Caen ; elles le forcèrent à chercher un refuge jusque dans le clocher de l'église de Secqueville-en-Bessin. Mais les assaillants y mirent le feu, de sorte qu'il fut bien vite obligé d'en descendre et de se livrer. Conduit prisonnier à Bayeux, il fut accueilli avec des menaces de mort par la population furieuse, qui ne cessait de le poursuivre en criant : *La hart, la hart au traître qui a abandonné son seigneur!* (*Roman de Rou*, v. 16208.) Gontier d'Aunai s'interposa entre lui et la multitude, et le sauva en le faisant mettre en prison, espérant peut-être un jour en avoir une bonne rançon. Mais, lorsque le roi Henri apprit cet événement, exaspéré par la prise de Robert-Fitz-Haimon, il se décida à se rendre lui-même sur le théâtre de la guerre. Il débarqua à Barfleur, le Vendredi-Saint de l'année 1105, et célébra à Carentan les fêtes de Pâques, qui tombaient, cette année-là, le 9 avril. Il y trouva Serlon, l'évêque de Séez, que nous avons vu fuir les exactions de Robert de Bellême, et trouver un appui auprès du roi. Serlon ne manqua pas cette occasion d'offrir ses services, et il fut le premier des

Normands qui fut au devant de Henri. Il officia en personne le jour de Pâques. C'était dans l'église de Carentan ; elle était encombrée des coffres, des bahuts des habitants de la campagne; de tout leur mobilier; le roi lui-même ne trouva de place pour s'y asseoir qu'entre deux mannequins d'un cheval. Dans ces temps de misère, les cimetières et les églises étaient le refuge des paysans ; ils y déposaient ce qu'ils avaient de plus précieux, des instruments aratoires, jusqu'à leurs bestiaux. Serlon s'inspira de cette vue pour adresser aux assistants un sermon énergique, que nous a conservé l'historien Ordéric Vital. Nous allons essayer d'en rendre les principaux passages : « Tous les cœurs des fidèles
« doivent pleurer à la vue de l'abattement de l'Église
« notre sainte mère, à la vue de la misère qui
« afflige le peuple. Le spectacle de cette église
« vous montre à quel point ce pays est dévasté. Il
« en est de même dans toute la Normandie : des
« voleurs la tyrannisent; elle manque de chef pour
« la défendre. Autrefois une église était un lieu
« consacré à la prière ; voyez aujourd'hui à quel
« vil usage elle est destinée; faute d'un protecteur
« efficace, l'autel du Seigneur est devenu le cellier du
« peuple. Pouvez-vous vous-même vous agenouiller
« convenablement au milieu de tout ce bagage que la
« peur a fait amonceler ici ? Vous venez chercher un

« refuge dans une église? Hélas ! en est-ce un bien
« sûr? N'ai-je pas vu Robert de Bellême brûler
« dans mon propre diocèse l'église de Tournai-sur-
« Dive et quarante-cinq personnes, hommes et
« femmes, qui y étaient renfermées. Ah ! c'est en
« gémissant profondément que j'énonce ces faits en
« présence de Dieu. O mon Roi ! c'est aussi devant
« toi que je raconte ces horreurs pour que ton âme,
« animée d'un saint zèle, s'efforce d'imiter Phinées,
« Mathatias et ses fils. Lève-toi au nom du Très-
« Haut, empare-toi de l'héritage paternel à la pointe
« de l'épée, arrache-le des mains des méchants.
« Ton frère ne possède pas la Normandie, il ne
« régit pas son peuple, il ne sait pas le conduire
« dans la bonne voie; il s'endort lâchement, et
« s'abandonne aux indignes conseils d'un Guillaume
« de Conversana, d'un Hugues de Nonant auquel il
« a confié le commandement de Rouen, et d'un
« neveu de celui-ci, d'un Gontier qui nous attend
« à Bayeux. Ah! quelle douleur ! Ce duc a dissipé
« toutes ses richesses ; il est quelquefois plus de
« trois heures de l'après-midi avant qu'il ait pu
« trouver un morceau de pain à mettre sous sa
« dent. Il n'ose pas souvent sortir de son lit et aller
« à l'église, parce qu'il est nu, qu'il n'a plus de
« chausses ni souliers à mettre. Les histrions, les
« femmes qui l'entourent continuellement, profitent

« de son ivresse pour le voler la nuit, et se vantent
« après d'avoir dépouillé le duc. Lorsque la tête est
« malade, le corps s'en ressent ; lorsque le prince ne
« vaut rien, le pays souffre, la misère du peuple est
« extrême. Depuis Rollon, qui fut le premier duc
« de Normandie, et la tige de votre famille, jusqu'à
« ce malheureux incapable de régner, la Normandie
« a pu se glorifier de ses ducs. O mon Roi! c'est le
« cas de s'armer d'une juste colère, en face d'un si
« grand malheur ; le Roi prophète l'a dit : on ne
« pèche pas lorsqu'on prend les armes pour la dé-
« fense de sa patrie, et qu'on n'a pas pour unique
« but la vile ambition d'accroître sa puissance tem-
« porelle. »

Il y eut dans toute l'assemblée à ces paroles un murmure approbateur. Le comte de Meulan, qui peut-être avait préparé lui-même cette manifestation un peu théâtrale, s'exprima encore plus vivement que les autres ; on entendit le roi dire : « Au nom de
« Notre Seigneur, je vais travailler à la paix et à la
« tranquillité de l'Eglise ! » Le prélat reprit aussitôt : « Tous les jours de notre vie, nous devons exa-
« miner ce en quoi nous transgressons la loi divine,
« et nous appliquer à nous corriger. C'est le glaive
« à la main que nous devons couper tout ce qui
« pourrait offenser Dieu. Eh bien ! je vous vois tous
« chevelus comme des femmes ! Cela ne vous con-

« vient pas, à vous qui, faits à l'image de Dieu, de-
« vez jouir de toute votre force virile. L'apôtre
« saint Paul a dit aux Corinthiens combien il était in-
« décent de porter ainsi de longs cheveux ; *l'homme*
« *ne doit pas voiler sa tête, parce qu'il est l'image et*
« *la gloire de Dieu, tandis que la femme n'est que la*
« *gloire de l'homme. Si donc l'homme nourrit sa che-*
« *velure, c'est une honte pour lui ; c'est une gloire,*
« *au contraire, pour la femme, puisque les cheveux*
« *lui sont donnés pour lui servir de voile.* Aux cou-
« pables, nous leur enjoignons pour pénitence de
« laisser croître leurs cheveux et de ne pas se raser ;
« ce n'est pas pour leur plaisir, mais pour paraître
« aux yeux de Dieu et des hommes avec un extérieur
« négligé qui représente le trouble de leurs con-
« sciences. Ils ressemblent alors à des boucs, à tout
« ce qu'il y a de plus détestable en fait d'impudicité.
« Ils s'occupent de leur chevelure, ceux qui pour-
« suivent les femmes et qui se damnent avec elles,
« en perdant leur énergie virile. Ah ! quelle dou-
« leur ! Cette pénitence, ce remède souverain de
« l'âme, que les docteurs de l'Église, ces médecins
« spirituels, avaient imaginé dans l'inspiration di-
« vine, les fils des hommes, par les conseils du dé-
« mon, l'ont changé en mode, en usage. Les Souve-
« rains Pontifes, les Évêques ont tonné contre cette
« téméraire usurpation dans leurs synodes ; rien n'y

« a fait ; et partout ces divines injonctions sont ve-
« nues se heurter contre le bouclier de la perversité
« des hommes de perdition. Ils ne veulent pas raser
« leurs barbes ; ils piqueraient les joues des filles
« qu'ils embrassent, et ils préfèrent ressembler à
« des Sarrasins plutôt qu'à des Chrétiens ! Voilà
« donc la pénitence changée en luxure ! Les fils de
« Bélial se coiffent comme des femmes, portent des
« souliers dont la pointe est relevée en queue de
« scorpion ; partout se montre le serpent. L'apôtre
« saint Jean, dans son Apocalypse, il y a plus de
« mille ans, avait pressenti cette espèce d'hommes ;
« il les avait vus sous la forme de sauterelles. Mais
« beaucoup ignorent le mal qu'ils font en portant
« cette ignoble coiffure. O Roi, je te conjure de
« donner le bon exemple à tes sujets, et de leur
« montrer comment ils doivent s'arranger. »

Nous avons reproduit presque en entier ce discours, parce qu'il nous a semblé qu'il pouvait donner
une idée juste de l'éloquence de la chaire dans ce
temps-là, et que je le crois rapporté d'une manière
très-exacte par Ordéric Vital. Bien que cet auteur fût
en voyage à Orléans en 1105, et conséquemment bien
loin du théâtre de ces événements, il devait s'en
préoccuper d'autant plus qu'il connaissait beaucoup
l'évêque Serlon qui l'avait ordonné diacre le 26 mars
1093 ; et lorsqu'il revint à son abbaye de Saint-

Évroult, il dut y recueillir les paroles du prélat, et peut-être même les confier dès lors au papier. Beaucoup plus tard, lorsqu'il s'occupa de recueillir des matériaux pour son histoire ecclésiastique, il fut heureux de retrouver ces notes à l'appui des souvenirs de sa jeunesse. En 1105, Ordéric n'avait que trente ans, et ce ne fut que deux ans plus tard, le 21 décembre 1107, qu'il reçut l'ordre de la prêtrise à Rouen, des mains de l'archevêque Guillaume Bonne-Ame. Nous consignons ici ces dates extraites de l'histoire ecclésiastique elle-même, parce qu'elles pourront servir à corriger quelques erreurs que renferme l'article d'Ordéric Vital dans la *Biographie universelle*. Mais il est temps de revenir aux événements qui nous occupent.

Le roi et ses courtisans soumirent immédiatement leurs chevelures aux ciseaux que l'évêque de Séez lui-même tira de sa poche. Toute la famille royale suivit cet exemple, et de proche en proche toute l'armée fit le sacrifice de ces longs cheveux naguère si prisés.

Les fêtes de Pâques étant passées, Henri songea à réunir le plus de forces possibles pour attaquer ses ennemis, et le but qu'il se proposa tout d'abord fut de prendre la ville de Bayeux, pour délivrer Robert-Fitz-Haimon qui y était détenu prisonnier. Ordéric Vital dit bien que Gontier d'Aunai, espérant fléchir le roi, lui avait renvoyé son prisonnier ; mais Guillaume de Malmesbury est positif ; il fallut prendre la ville pour avoir le puissant seigneur de Creully et de Thorigny. (*Quod ejus liberandi causâ rex H. Bajocas civitatem cum principali Ecclesia ignibus absumpserit.*) Henri envoya des ambassadeurs au roi de France Philippe, pour lui expliquer les motifs de sa conduite, et en même temps il réclama l'aide des Manceaux et des Angevins. Hélie de la Flèche, comte du Maine, s'empressa de se rendre en personne au secours du roi, et ils se rencontrèrent sous les murs de Bayeux. De son côté, Foulques-le-Réchin, comte d'Anjou, lui envoya aussi des troupes que commandait, suivant Henri d'Huntington, Geoffroi Martel, son fils aîné. Toutes ces forces réunies mirent donc le siége devant Bayeux le 30 avril 1105, comme nous l'avons vu dans la dissertation qui précède ces recherches (1).

(1) Nous avons un récit bien curieux du siége que subit alors la ville de Bayeux. C'est celui de Serlon de Paris, témoin oculaire et victime de ce désastre. Il était chanoine de Bayeux et nous a laissé un poëme fort détaillé sur la prise de cette ville, qui peut servir de supplément à notre guide ordinaire, Ordéric Vital, fort concis dans cet endroit. Ce poëme a été publié en 1827, par dom Brial, dans le tome XI des *Notices et Extraits de Manuscrits*, sur une copie envoyée de Londres. M. Pluquet les reproduisit, mais inexactement, dans ses *Essais historiques sur la ville de Bayeux*. Le meilleur texte de ce poëme se trouve dans le t. XIX du *Recueil des Historiens de France*, en appendice à la Préface. M. Pillet, professeur de rhétorique au collége de Bayeux, en a publié une très-bonne traduction

Le siége fut court (1), et dès le vendredi sixième jour après l'investissement de la place (2), le 5 mai 1105, le roi donna le signal de l'assaut. Il n'y eut point de résistance sérieuse, et les assaillants ne perdirent aucun des leurs (3). Les murs furent pris tout de suite ; les Bayeusains, effrayés du courage proverbial des Manceaux et de la férocité des Angevins, au lieu de marcher contre eux, se mirent à fuir dans toutes les directions et abandonnèrent la place le jour même (4). Au désordre de l'assaut succéda l'incendie. Dans ces temps de barbarie, le feu jouait un grand rôle dans les guerres, et les maisons de bois servaient d'aliment facile aux flammes. Ce jour-là un vent furieux en activa les terribles effets, et bien-

---

française. A notre avis, c'est là seulement qu'on doit chercher les détails de ce siége, dont Ordéric Vital parle peu et duquel Wace a donné un récit un peu trop légendaire en y insérant l'histoire du duel du seigneur d'Argouges avec le chevalier Brun, récit qui, n'étant consigné dans aucun auteur contemporain, tient trop de la légende pour être pris au sérieux. Serlon n'en dit rien ; il nous semble qu'il n'eût pas omis de chanter un combat qui eût prêté à ses vers de riches couleurs poétiques. La vieille chronique de Normandie, traduction presque littérale de Wace, en a transmis les détails de génération en génération, et M. Pluquet, de nos jours, s'est rendu l'éloquent interprète de la tradition et de la légende de la fée d'Argouges.

(1) Tam citò capta fuisti. (Serlon.)
(2) Annales de Margan.
(3) Nec longi temporis usus nec hostis cæsus. (Serlon.)
(4) Subruit ira Dei modica vos parte diei.... Muros dum scanderet hostis, non occurristis, sed terga repente dedistis. (Serlon.)

tôt toute la ville fut en feu (1). De toits en toits, l'incendie gagna l'église où s'étaient réfugiés des milliers d'habitants. Craignant d'y être brûlés, ils cherchèrent à s'échapper par toutes les issues (2), mais les assaillants les gardaient. Voulant piller l'église, ils avaient eu recours au même moyen que nous avons vu employer pour prendre Robert-Fitz-Haimon dans la tour de Secqueville ; ils activaient le feu, et se tenaient aux portes prêts à s'élancer dans l'intérieur aussitôt qu'elles auraient cédé à leurs efforts, et qu'ils auraient exterminé ceux qui s'y étaient réfugiés. Ceux-ci perdaient la tête ; voyant toutes les issues gardées par leurs ennemis, les javelots les menaçant de toutes parts, le feu les gagnant, ils essayaient de monter sur les voûtes de l'édifice, et, dans leur fuite, n'offraient plus l'ombre de résistance (3). Enfin, les troupes du comte du Maine et les Angevins forcent l'entrée du temple, font prisonniers tous ceux qu'ils y rencontrent, entraînent les

---

(1) Igne, ardua quem ventus per tecta tulit violentus, ædes urentem sacras, latèque furentem. (Serlon.)

(2) Ecclesiæ culmen fumare supremum vidimus ardentis...... Clausæ millia gentis, tacta metu mortis, properant erumpere portis. (Serlon.)

(3) Sed timor hostilis vetat, et radiantia pilis agmina condensis, in limine ...... barbara turba foris dum staret plena furoris, quærens molimen quo posset frangere limen, pulsabat fores, ut interiores deprædaretur (Serlon)....... Ecclesiâ clausi cives, terga dabant, templi summa petentes ; perdiderant mentes, adversas gentes ope nulla rejicientes, vel lapidum jactu, vel forti quolibet actu. (Idem.)

femmes sans défense et se hâtent d'emporter tout ce que les flammes n'avaient pas encore dévoré (1). *C'est ainsi que fut préservée sans doute la tapisserie de Bayeux, qui resta en Normandie;* tandis que beaucoup d'autres richesses de cette église furent emportées en Angleterre par des officiers de l'armée du roi, témoin ce plateau d'argent aux bas-reliefs antiques, d'un travail romain, trouvé, en 1729, dans le parc du château de Risley, comté de Derby, sur lequel étaient gravés ces mots : EXSVPERIVS EPISCOPVS ECLESIÆ BAGIENSI DEDIT, et qui provient évidemment du sac de Bayeux en 1105.

L'église cathédrale, dédiée à la Sainte-Vierge Marie, ne fut pas la seule demeure sacrée anéantie par les flammes dans cette journée affreuse. Dix autres désastres semblables détruisirent les autres temples de la ville (2). Il périt trente-neuf personnes dans une seule église (3). Un palais, d'élégante

---

(1) Plebs Cenomannensis, vulgi fæx Andegavensis uxores vestras rapiunt. Tu Cenomanuenses vitas enses !...... Hostiles turbæ subversâ taliter urbe, vinclis urgebant captos quos inveniebant, *prædam ducentes*. (Serlon.)

    Tote fut l'église destruite
    Et la richesce fors conduite. (Wace.)

(2) Hac fuit usta die sacra Virginis aula Mariæ, templaque bis quina simili periere ruina. (Serlon.)

(3) Mors hausit quos portarum sera clausit, terdenos atque novenos. (Id.)

structure et orné de peintures, que Serlon qualifie d'admirables, avait été construit par les soins de l'évêque Odon, frère de Guillaume le Conquérant. Il fut la proie des flammes (1). Une autre belle maison, qui appartenait au doyen du chapitre, nommé Conan, fut aussi consumée. Enfin, si quelques habitations échappèrent au désastre, ce furent les plus pauvres, car la flamme ne laissa subsister rien de remarquable (2). Quant au château, il se rendit sans coup férir; le gouverneur, dont la maison fut brûlée, ne put décider ses soldats, vaincus par la peur, à faire aucune résistance (3). La ville de Bayeux fut dès lors perdue pour le duc Robert; Gontier d'Aunai, qui n'avait pu la défendre, fut fait prisonnier, et Robert-Fitz-Haimon délivré. Le roi Henri, en entrant dans la ville, chercha à arrêter le pillage, et il réussit au moins à sauver les membres du clergé (4).

Après un séjour de quelques semaines à Bayeux, Henri se mit en route pour son comté de Mortain.

(1) Prælucens grata specie perit aula cremata, miro picta modo, quam præsul condidit Odo, tali digna viro. (Serlon.). . . . . . .
Et domus insignis Conani (decani) fit cibus ignis.

(2) Si qua manserunt, pauperrima tecta fuerunt ; nam nihil insigni specie reliquum fuit igni. (Serlon.)

(3) Patuit (castellum) sine bello, militibus fractis, soloque timore subactis. . . . . . Principis ulta pari dedicit domus ipsa cremari. (Id.)

(4) Clerum. . . . . non permisit furialis arma subire gregis indulgentia regis. (Serlon.)

Une des grandes voies romaines du pays, dont les restes sont encore visibles dans les plaines des environs de Caen, et qui est bien connue des habitants sous le nom du chemin Haussé du duc Guillaume, devait être, au commencement du XIIe siècle, le seul chemin facile pour une armée. Cette route passe par Cinteaux, près Falaise. Les deux frères s'y rencontrèrent. Le duc Robert venait de Caen, et espérait fléchir son frère. Cette entrevue, qui eut lieu la semaine de la Pentecôte (le 28 mai en 1105), n'amena aucun résultat. Les deux princes se séparèrent plus brouillés que jamais, et la guerre se continua avec acharnement de part et d'autre. Dès lors, plus de communication, plus de commerce, plus d'agriculture possible entre Bayeux et Caen. Dans tout ce pays, les travaux de la campagne furent abandonnés, et les maux de la famine se mêlèrent à ceux de la guerre. Au milieu de ces troubles, la ville de Caen restait fidèle au duc Robert, qui, comme nous l'avons dit, y avait fait exécuter quelques travaux utiles ; mais le sort de Bayeux l'effrayait beaucoup, et, dans l'embarras des circonstances et l'incertitude des événements, elle avait besoin d'un homme de vigueur et de courage pour la défendre. On jeta les yeux sur un brave chevalier nommé Thierry, qui était né à Caen, et que son père Raoul-Fitz-Ogier aimait beaucoup et réclamait du duc qui le tenait en prison à Rouen on ne sait pour quelle cause. De nombreuses balafres qui sillonnaient son visage, prouvaient effectivement que c'était un rude batailleur et un homme sur le courage duquel on pouvait compter. Le duc céda aux instances du père et des habitants de Caen, qui le demandaient aussi, et il l'envoya chercher sous l'escorte de quelques amis. Ils revenaient tous ensemble, lorsqu'entre Argences et Cagny, un des partisans qui couraient la campagne dans ces temps de trouble, et qui se tenait en embuscade dans une maison de Cagny, s'avança dans la plaine avec une troupe déguisée en faisant semblant de chasser. Ils entourèrent les voyageurs, qui se défendirent d'abord; Thierry même fut abattu et pris après une vigoureuse défense; mais ses compagnons durent céder au nombre, ayant été surpris au moment où, pour se reposer, ils étaient descendus de cheval. Le chef de cette embuscade se nommait Robert de Saint-Rémi, qui, pensant bien que la rançon de ses prisonniers, appartenant aux plus riches familles de Caen, ne pouvait manquer d'être considérable, les conduisit au baron Robert-Fitz-Haimon, qui, comme nous l'avons vu, avait été délivré à Bayeux, et qui se trouvait probablement alors dans son château de Creully. Celui-ci se hâta de les acheter; et il donna en paiement à Robert de Saint-Remi les terres de la Carbonnière, de Colombiers-sur-Seulles et de Vaux-sur-Aure; on retrouve encore aujourd'hui, dans cette dernière commune, un fief et une famille du nom de Saint-Remi.

Robert-Fitz-Haimon conduisit ses prisonniers à Domfront, où se trouvait alors le roi Henri. Il le rencontra à l'hermitage d'Ivrande, entre Tinchebray et Mortain, dans une forêt séparée de celle de Lande-Pourrie par la rivière d'Egrenne. (*Voyez la carte de Stapleton.*) Là, il lui offrit de s'emparer de Caen par le moyen de ses prisonniers. Henri accueillit cette idée avec grande joie et lui promit pour récompense la châtellenie de Caen et le double au moins de ce que cette prise lui avait coûté.

La *Chronique de Normandie*, dont l'extrait se trouve dans le tome XIII des *Historiens de France*, page 251, entre dans un grand détail sur la manière dont fut menée toute cette affaire ; et, comme elle est assez instructive pour les mœurs du temps, nous allons en donner une idée.

Le roi retourna à Domfront, et Robert-Fitz-Haimon dans un de ses châteaux, soit à Thorigny, soit à Creully. Arrivé là, il mit ses prisonniers le plus à l'étroit qu'il put, pour leur demander une rançon impossible. Au bout de quelques jours, il leur déclara qu'il y avait un moyen pourtant de recouvrer leur liberté, non-seulement sans rien payer, mais encore en acquérant de grands biens. Thierry, Raoul, Arnoul et Nicolle, qui étaient les quatre principaux

prisonniers, lui demandèrent comment? Robert leur parla alors de la puissance du roi d'Angleterre, comment sa sagesse lui avait attiré tant de partisans, et cela parmi ce qu'il y avait de plus grand et de plus notable dans le pays. « Vous savez, ajouta-t-il, ce
« que le duc vous a fait perdre, ce qu'il est ; si vous
« voulez vendre Caen au roi, vous aurez votre liberté,
« et vous serez comblés de biens vous et vos des-
« cendants. » Là dessus Robert les quitta. Grande fut leur agitation, et, après maints pourparlers, ils se laissèrent tenter et convinrent de rendre Caen, en trahissant le duc Robert, leur souverain légitime. Mais Robert-Fitz-Haimon voulut avoir des ôtages en garantie. Ils envoyèrent donc chercher leurs fils, leurs frères, leurs neveux et leurs amis, et les laissèrent en ôtages, sous le prétexte d'aller chercher l'argent de leurs rançons. Une fois délivrés, ils furent à Caen, où le duc Robert les reçut à merveille, et s'offrit à payer leurs rançons, ignorant complétement leurs perfides projets. Thierry et ses compagnons ne furent pas ébranlés par cet accueil de leur prince; ils persistèrent dans leur dessein et en donnèrent connaissance à leurs amis. On convint de se réunir dans un jardin solitaire situé entre l'église St-Martin et les murs de la ville, pas loin de l'ancienne porte au Duc. Ce fut là que la trahison fut arrêtée ; et, rentrant en ville, ils en chassèrent aussitôt le gou-

verneur Enguerrand, fils d'Ilbert de Laci, d'une famille de tout temps dévouée au duc. Robert se voyant trahi, abandonné de tous, n'eut plus pour ressource que de quitter Caen au plus vite. *Il ordonna son partement et fit trousser son sommage*, comme dit notre Chronique, mais ce *sommage* fut pillé à la porte Milet, et le duc ne voulut pas retourner sur ses pas pour se le faire rendre. Deux jours après son départ, son frère, le roi Henri, entrait à Caen et y était reçu sans difficulté. Il récompensa la trahison de Thierry, de Raoul, d'Arnoul et de Nicolle, en leur donnant en Angleterre la ville et la forêt de Dallington, qui valaient 80 livres de rente annuelle; mais, malgré leur éloignement de Caen, ils laissèrent à leur ville natale pendant longtemps le surnom de la ville des Traîtres; ce qui prouve que le malheureux Robert, malgré toutes ses fautes et l'abandon de la noblesse et du clergé, avait encore conservé une certaine popularité.

La ville de Falaise restait fidèle au duc. Le roi résolut de s'en emparer, et, faisant venir les troupes que Hélie de la Flèche, comte du Maine, commandait dans les environs de Bayeux, il se mit en route pour Falaise. Mais le comte Hélie écouta le parti normand qui, tenant pour le duc, l'engageait à se retirer; il retourna dans ses états. Henri n'en donna pas moins un assaut à la ville de Falaise; il y perdit un de ses plus chers compagnons d'armes, un chevalier nommé Roger de Glocester, et Robert-Fitz-Haimon y fut si gravement blessé à la tête, qu'il en perdit la raison jusqu'à sa mort, arrivée deux ans après, en 1107. Le roi sentit bien par le peu de succès de ce siége et par la défection des Manceaux qu'il ne serait plus assez fort pendant le reste de cette campagne pour en finir avec son malheureux frère ; il remit donc à l'année suivante l'achèvement de sa conquête.

Avant son retour en Angleterre, Henri régla l'affaire des investitures ecclésiastiques avec saint Anselme, archevêque de Cantorbéry ; il se trouva avec ce prélat, le 22 juillet, au château de Laigle ; et le jour de l'Assomption, le 15 août, ils étaient encore réunis à l'abbaye du Bec. Tous ces faits se trouvent consignés dans Eadmer, *Hist. nov.*, p. 71, et dans une lettre d'Anselme au pape Pascal II, où il lui explique que sa réconciliation avec le roi Henri avait été ménagée par les soins de la comtesse de Chartres, sœur du roi, qui avait pu les réunir d'abord à Laigle, puis au Bec. Ce fut quelques jours après leur entrevue dans cette abbaye que le roi s'embarqua définitivement pour l'Angleterre, le 27 août 1105. (*Annales de Margan.*)

Après le départ du roi, à l'exception de quelques troubles suscités par Guillaume, comte de Mortain, cousin germain de Henri et de Robert, jeune homme d'une grande activité et d'un grand dévouement pour les intérêts du duc, toutes les places qu'il avait conquises sur son frère lui restèrent. Robert ne fit point d'efforts pour les reprendre, et Henri put célébrer tranquillement les fêtes de Noël à Westminster.

Avant le carême de l'année suivante, 1106, le duc Robert, dans l'espérance d'obtenir du roi, son frère, la restitution de ce qu'il lui avait enlevé en Normandie, passa en Angleterre. On était au cœur de l'hiver, au commencement de février, et il avait fallu une bien urgente nécessité pour le déterminer à cette démarche. Les deux princes se virent à Northampton. Henri rend compte de cette entrevue dans une lettre qu'il adresse à l'archevêque Anselme, avec lequel nous avons vu qu'il s'était réconcilié et qu'il avait laissé à l'abbaye du Bec, pour favoriser de toute son influence ses desseins sur la Normandie. « Que votre Sainteté sache, » lui écrit-il, » que mon frère « le comte Robert est venu me trouver en Angleterre; « et que nous nous sommes séparés doucement. » (Ep. S. Anselme, lib. IV, p. 77.) Mais la chronique anglo-saxonne nous dit que cette entrevue fut au contraire très-orageuse, et que les deux frères se séparèrent ennemis. Robert n'eut qu'à retourner immédiatement en Normandie.

Dans cette même lettre, Henri annonce au véné-

rable prélat qu'il a l'intention de passer la mer vers l'Ascension, et qu'alors il compte prendre ses conseils sur ce qu'il y aurait à faire. Cette lettre est datée de Northampton même. (*Recueil des Hist. de Fr.*, tome XV, p. 66.) Quelques mois plus tard, en juillet, Henri se trouvant à Windsor, écrit encore au même prélat qu'il est désolé de le savoir souffrant, et que, s'il ne l'avait pas attendu longtemps en Angleterre, il serait déjà en Normandie. Effectivement le roi avait prié l'archevêque de venir le voir avant son départ ; Anselme s'était mis en route, mais il était tombé malade à Jumièges. « Je vous demande comme un
« fils à son père », dit-il en terminant sa lettre, « que
« vous soigniez votre santé. J'entends que vous com-
« mandiez en maître dans toutes mes possessions
« normandes, comme vous le feriez dans vos do-
« maines. Attendez-moi maintenant en Normandie,
« j'irai très-prochainement vous y rejoindre. »
(Même recueil, tome XV, p. 67.) C'est ce que fit l'archevêque en retournant à l'abbaye du Bec. A la fin de juillet, peu avant le mois d'août, dit la chronique anglo-saxonne, le roi débarqua en Normandie, probablement à Bonneville-sur-Touque, et de là fut à Caen. Ce fut alors qu'il manqua d'être victime d'une embuscade à St-Pierre-sur-Dives.

Foulque, abbé de Saint-Pierre-sur-Dives, après bien des démêlés avec ses moines, à cause de la rigidité de ses mœurs, était mort en Angleterre, à Winchester, le 3 avril 1106 (1). Sa place était occupée par un misérable moine de Saint-Denis, nommé Robert, qui, pour l'obtenir, avait donné au duc 140 marcs d'argent. Cette intrusion révolta les moines, et la manière dont il se comporta envers eux les dispersa tous en divers monastères, où ils allèrent chercher le salut qu'ils ne pouvaient trouver, suivant les paroles de notre vieil historien, Ordéric Vital, *sous les dents d'un vrai loup*. Il fit de son abbaye un château fort, qu'il remplit de soldats, et il vendit jusqu'aux ornements de l'église pour les entretenir. Cet homme, déjà si peu digne de son état, conçut le projet de se saisir du roi d'Angleterre par trahison et de le livrer au duc. Il se rendit à Falaise, où était celui-ci, et lui fit part de son idée, lui promettant de lui livrer son frère Henri, si le duc et ses gens voulaient se tenir prêts à s'en saisir. Le complot fut arrêté et tout fut convenu pour son exécution. L'abbé Robert alla à Caen trouver le roi et lui promit de lui livrer un château qu'il

(1) M. Le Prévost, dans ses notes sur Ordéric Vital, conjecture avec vraisemblance qu'il faut reporter la mort de l'abbé Foulque au 3 avril 1105, pour donner au moins 14 ou 15 mois au nouvel abbé Robert pour bâtir sa forteresse. Mais la vieille chronique manuscrite de l'abbaye de Saint-Pierre-sur-Dives, citée page 502 du *Neustria Pia*, ne donnant que trois mois d'occupation à l'abbé Robert, j'ai conservé la date adoptée par les Bénédictins, auteurs du *Gallia Christiana*.

avait sur la Dives, s'il voulait y venir avec lui, ajoutant qu'il ne fallait y mener que peu de monde, de peur que le bruit ne nuisît à l'entreprise ; que d'ailleurs la garnison était dévouée. Le roi, auquel cette idée plut beaucoup, partit la nuit même avec 700 chevaux seulement, et à la pointe du jour il parut devant la place. Avant son arrivée, deux jeunes chevaliers, partisans du duc Robert, Rainaud de Varenne et Robert d'Estouteville y étaient entrés avec 140 hommes, lesquels, à l'approche du roi, le reçurent en vociférant des injures et des moqueries, et en même temps des troupes venues de Falaise et des environs se rassemblaient pour tomber sur le roi. Ce prince s'aperçut de la trahison, et irrité au dernier point, il fit donner sur l'heure un assaut très-vif à la place et y fit jeter des matières embrasées qui brûlèrent tout, château et monastère. Rainaud de Varenne et Robert d'Estouteville furent obligés de se rendre avec leurs hommes. Plusieurs d'entre eux, qui s'étaient réfugiés dans la tour de l'église, y furent brûlés, et les troupes qui étaient dehors, voyant ce foyer d'incendie, retournèrent à Falaise au plus vite. Le roi leur donna la chasse jusqu'aux portes de cette ville et personne n'osa faire une sortie contre lui.

L'auteur de la trahison fut pris et on l'amena au roi, après l'avoir mis en travers sur un cheval, comme on eût fait d'un sac de blé. « Traître ! » lui dit le roi, « sors de mes terres. Sans le respect que je dois à ton habit, je te ferais écarteler. » L'abbé Robert ne se le fit pas dire deux fois ; il repassa promptement en France d'où il était venu, et on apprit peu de temps après qu'il y avait été assassiné.

Ces événements font voir à quel excès de désordres était tombé ce pays de Normandie à l'époque de cette lutte fratricide dont le dénouement, fatal au duc Robert, soumit cette belle province pour un siècle encore à la domination anglaise. Si elle eût trouvé alors dans le caractère de Robert des qualités administratives, pour aider à la sympathie que lui attiraient d'ailleurs son courage militaire et une grande bonté d'âme, jamais elle n'eût consenti à passer sous le joug de son frère Henri, avare, cruel et surtout Anglais. Le duché de Normandie pouvait dès cette époque être à tout jamais distinct du royaume d'Angleterre, et bien des guerres auraient été évitées dans les siècles suivants. Il nous reste, pour terminer cette étude, à raconter la catastrophe qui amena la chute de Robert, sa longue captivité et la toute-puissance du roi Henri.

L'automne de l'année 1106 s'annonça en Normandie par une succession d'orages qui parurent les précurseurs des combats qui devaient s'y livrer. Robert de Bellême, son neveu Guillaume de Mortain, ne voulant sous aucun prétexte rentrer sous l'obéissance du roi d'Angleterre, prirent ouvertement parti pour le duc Robert. Henri donna l'ordre de mettre le siége devant Tinchebray, qui appartenait au comte de Mortain. C'était alors l'usage de bâtir des contre-châteaux pour bloquer les garnisons qu'on ne pouvait amener à capituler. Le roi en fit bâtir un, qu'il confia à Thomas de Saint-Jean, qui, à la tête d'une troupe nombreuse de cavaliers et de fantassins, devait s'opposer à tout ravitaillement de la place. Mais le comte de Mortain parvint, malgré lui, à introduire une grande quantité de vivres et beaucoup d'autres choses qu'il savait y manquer. Ce jeune chevalier avait une telle réputation de bravoure et commandait à des troupes si expérimentées, que les soldats royaux n'osaient pas sortir contre lui, et qu'il put faire main basse sur toutes les récoltes des environs pour fournir de fourrages les assiégés. Le roi, en apprenant cela, en fut vivement irrité et se rendit en personne au siége pour en activer les effets.

Guillaume, comte de Mortain, appela de son côté à son aide tous ses amis, à la tête desquels se trouvait Robert de Bellême; et, quant au duc Robert, il réunit une armée considérable et somma son frère de lever le siége ou de s'attendre à être vigoureusement attaqué. Le roi ne s'effraya pas de ces menaces; il avait avec lui des capitaines expérimentés ; Hélie, comte du Mans, qui lui était revenu tout dévoué à sa cause ; Guillaume d'Évreux, qui, toute sa vie, vacillant d'un parti à l'autre, avait pris alors celui du roi ; Robert de Meulan ; Guillaume de Varenne ; Ranulfe de Briquessart, vicomte de Bayeux ; Raoul de Conches ; Robert de Montfort, qui, depuis sa trahison au siége de Vignats, s'était toujours rallié au parti du roi, et qui, par suite de l'inconstance de la fortune, devait mourir en Palestine ; Robert de Grentemesnil, et beaucoup d'autres. Le duc Robert comptait autour de lui, outre Robert de Bellême et le comte de Mortain, Robert d'Estouteville, père de celui qui venait d'être fait prisonnier à Saint-Pierre-sur-Dives ; Guillaume de Ferrières et plusieurs autres de ses anciens compagnons de la croisade. S'il n'avait pas autant d'hommes à cheval que son frère, il lui opposait une masse d'infanterie bien plus considérable que la sienne. Les deux armées se trouvaient en présence le 28 septembre 1106. Il y avait dans les deux camps, comme dans presque toutes les rencontres de cette guerre, bien des parents qui s'apprêtaient à se porter mutuellement de rudes coups ; mais combien y en avait-il aussi qui, indécis dans leurs convictions, se préparaient à passer au plus vite du côté du plus fort. La défection des uns était presque toujours la cause de la victoire des autres. Dans cette situation des choses, des gens de cœur pensèrent à amener avant le combat un accommodement entre les deux frères; les historiens contemporains nous ont, entre autres, conservé le nom du bienheureux Vital, originaire de Tierceville-en-Bessin, chapelain du comte de Mortain, et qui osa conjurer ces princes de ne pas renouveler en ce jour l'histoire d'Ethéocle et de Polynice.

Le roi fut touché de cette représentation et de tout ce qui lui fut dit à ce sujet. Considérant d'ailleurs l'incertitude des événements, il envoya dire au duc que ce n'était ni l'ambition, ni l'intérêt, ni l'envie de rien usurper sur lui, qui l'avaient fait venir en Normandie; qu'il y avait été appelé par les cris du pauvre peuple, qu'il y venait au secours de l'Église qui, comme un navire sans gouvernail, était battue de tous les flots, pendant que lui, duc seulement de nom, n'était plus que le jouet de ses sujets; et, qu'à l'ombre de ce nom, les méchants étaient sans frein, le peuple chrétien opprimé et les paroisses dépeuplées. Enfin, qu'à un tel spectacle, il ne pouvait retenir un zèle qu'il croyait selon les vues de Dieu, et qu'il était prêt à donner sa vie pour le salut de ses frères, d'une nation qui lui était chère, en un mot de sa patrie. Que, cependant, s'il voulait bien suivre ses avis, il pourrait éprouver la droiture de ses intentions; et que, dans ce but, tel était le parti qu'il avait à lui proposer : que le duc lui remît toutes les places de guerre, l'administration de la justice, les affaires du gouvernement et la moitié du domaine de la Normandie ; qu'alors, son frère pourrait jouir sans embarras, sans tracas, de l'autre moitié ; et que même, pour celle qu'il abandonnerait, il en recevrait la valeur en argent, de sorte que, par un traité qui ne lui ferait rien perdre comme fortune, il pourrait vaquer tranquillement à ses plaisirs comme d'ordinaire, pendant que lui, le roi, se chargerait des travaux nécessaires pour faire jouir son frère en paix de ce qu'il lui promettait.

Si ce message est authentique, comme l'assure notre guide habituel, Ordéric Vital, il est impossible d'y faire entrer plus d'hypocrisie et de dédain à la fois. Le duc, qui dans le fond n'avait plus guère d'autre ambition, ne parut pas d'abord trop s'éloigner de cette proposition ; mais comme elle n'accommodait pas ceux qui l'entouraient de leurs conseils, les envoyés du roi ne lui rapportèrent qu'un refus. Il fallut donc se préparer à combattre.

Henri réunit ses capitaines et leur donna ses dernières instructions. Il commença par délivrer de prison Rainaud de Varenne et tous ceux qui avaient été pris à Saint-Pierre-sur-Dives, et fit vœu de reconstruire l'abbaye qui avait été brûlée. Puis, il mit son armée en bataille. Ranulfe de Bayeux commandait le premier corps; Robert de Meulan, le second; Guillaume de Varenne, tout heureux du pardon qui venait d'être accordé à son frère, exhortait le troisième corps qu'il commandait à se battre en braves. Henri se réserva le corps de l'infanterie anglaise et normande, et mit en réserve les Manceaux et les Bretons qui suivaient son armée en effrontés pillards qu'ils étaient. Le comte Hélie commandait cette réserve.

Du côté de Robert, le comte de Mortain et le comte de Bellême commandaient ses deux ailes, lui se tint au centre. L'affaire s'engagea entre les troupes de Guillaume de Mortain et celles de Ranulfe de Bayeux; peu de temps après, la mêlée devint générale, et le duc allait avec sa bravoure personnelle décider la victoire avec la masse de son infanterie qu'il conduisait en personne, lorsque le comte Hélie, la prenant de flanc avec toute sa réserve, y jetta le plus grand désordre et la culbuta en mettant presque subitement plus de deux cents hommes hors de combat. Le comte de Bellême, croyant tout perdu, prit honteusement la fuite; ce fut alors un sauve-qui-peut général, et l'armée ducale fut anéantie au milieu des cris des blessés, des mourants et des hurlements des Bretons qui faisaient autour d'eux un carnage épouvantable. Le duc, entouré par des ennemis, se rendit à un nommé Gaudri, qui, bien que chapelain du roi, n'en était pas moins guerrier, et dont la destinée fut de monter plus tard sur le siége épiscopal et ducal de Laon, pour en être précipité dans une émeute populaire et être massacré après mille outrages. Ce Gaudri conduisit Robert au roi son frère, qui le reçut avec des apparences de douceur et de bonté, heureux d'être enfin parvenu au but de ses désirs. Il fit réclamer des Bretons le comte de Mortain qui était tombé entre leurs mains, ainsi que Robert d'Estouteville et Guillaume de Ferrières. Mieux eût valu pour plusieurs d'entre eux avoir succombé dans cette journée, que subir, leur vie durant, la prison et les supplices que leur réservait le roi Henri!

Le duc reconnut la faute qu'il avait faite de ne pas accepter les propositions du roi son frère, et la lui avoua; mais il n'était plus temps; la victoire en avait autrement décidé. Son caractère insouciant lui fit pourtant prendre la chose d'assez bonne grâce, et furieux contre le comte de Bellême, qui, après l'avoir plus que personne par ses conseils conduit à sa perte, l'avait ensuite abandonné, il dit au roi:
« Lorsque je suis sorti de Falaise, j'ai bien expres-
« sément défendu de livrer la place à qui que ce soit
« qu'à moi-même ou à Guillaume de Ferrières, dont

« la fidélité m'était connue. Envoyez-le donc pour
« vous la faire rendre, de peur que Robert de Bel-
« lême ne vous prévienne, et que, maître d'une telle
« place, il ne se trouve en état de vous résister long-
« temps. » Le roi profita de l'avis et envoya Guillaume à Falaise; mais il ne tarda pas à l'y suivre, emmenant le duc Robert avec lui, qui lui-même lui fit remettre la ville avec son château. Le petit prince Guillaume, fils du duc Robert et de la duchesse Sibylle, était en nourrice dans ce château. On le présenta au roi, qui, le voyant tout tremblant devant lui, tâcha de le rassurer par des caresses. Il ne voulut pas le prendre à sa garde, craignant, s'il venait à périr par quelque accident, qu'on ne l'accusât de ce crime. Il en confia la garde et l'éducation à Hélie de Saint-Saëns, comte d'Arques, qui avait épousé une fille naturelle du duc Robert. Ce fut cet enfant qui fut connu plus tard dans l'histoire sous le nom de Guillaume Cliton.

Le roi victorieux fut reçu partout comme le libérateur de sa patrie. Il alla à Rouen avec le duc, où, par ordre de ce prince, Hugues de Nonant lui rendit le château. Par le même ordre, toutes les places qui tenaient encore pour le duc furent remises au roi ; et on alla jusqu'à publier que Robert déliait ses sujets de ce qu'ils lui devaient à titre de souverain. Cette conduite du duc, volontaire ou forcée, jointe à son incapacité de gouverner, contribua beaucoup à faire pardonner au roi son usurpation. Le clergé normand avait fait des vœux pour sa cause, moins encore par suite de l'horreur que lui inspiraient les mœurs licencieuses et l'incroyable laisser-aller de Robert, qu'à raison de l'absence complète de police, qui laissait les propriétés et les personnes ecclésiastiques à la merci du premier venu.

A la mi-octobre 1106, le roi fit assembler à Lisieux les prélats et les seigneurs, pour y traiter du bien public; et l'un des principaux actes de cette réunion fut d'engager Henri à emmener son frère en Angleterre et à l'y bien garder. Jamais demande ne fut plus cordialement ni plus consciencieusement exaucée, comme nous le verrons tout à l'heure. Cette réunion de Lisieux ne put avoir lieu sans que Ranulfe Flambard eût déjà fait sa paix avec le roi. On voit qu'il ne perdit pas de temps. Ce prélat si turbulent avait obtenu de Robert l'évêché de Lisieux. Dès qu'il sut la victoire de Tinchebray, il se hâta d'envoyer demander la paix, et offrit au roi de lui remettre la ville de Lisieux. Henri, qui cherchait à avancer sans trop de difficultés, consentit à oublier le passé, et la réconciliation eut lieu. Il retourna même plus tard dans son évêché de Durham, d'où nous l'avons vu chassé au commencement de cette histoire.

Dans cette assemblée de Lisieux, on rétablit les églises et les particuliers injustement dépouillés, dans la possession de leurs biens. On y fit des lois très-sévères contre le vol et la violence ; et les peines corporelles les plus cruelles punissaient à la fois les ravisseurs et les faux monnayeurs. Le roi fit rentrer dans son domaine tout ce qui en avait été aliéné depuis la mort de son père, et il fit abattre tous les châteaux que les dernières guerres civiles avaient fait construire, qui pouvaient en favoriser de nouvelles. Enfin, il fit passer en Angleterre les prisonniers qu'il avait faits et qu'il croyait pouvoir troubler la tranquillité publique. De ce nombre furent Guillaume de Mortain, qui expira longtemps après en prison, ayant eu tout d'abord les yeux crevés, et Robert d'Estouteville, qui lui aussi finit ses jours dans les fers. Mais la captivité que l'histoire enregistra avec le plus d'horreur fut celle de son propre frère, du malheureux Robert, qui languit en prison vingt-huit ans, n'étant mort qu'en 1134 au château de Cardiff. Les historiens les plus accrédités excusent le roi de cette rigueur, en disant qu'il crut devoir au bien de la paix et à sa propre sûreté d'enfermer son frère tout le temps de sa vie, et que d'ailleurs il chercha à adoucir sa captivité en lui prodiguant dans sa prison toutes les douceurs et tout le luxe que comportait un château royal de ce temps-là ; et si quelques auteurs modernes ont adopté, d'après une vieille chronique, la relation d'un bassin d'airain rougi au feu et que, par ordre du roi, on aurait passé devant les yeux du malheureux duc pour l'aveugler, il faut avouer qu'ils sont démentis par le silence des meilleurs écrivains contemporains.

Nous voici arrivé au terme de ces recherches historiques, que nous nous étions proposé de grouper autour du fait principal que nous voulions éclaircir, l'époque exacte de la prise et de l'incendie de Bayeux. Cette étude, en nous faisant relire tous nos vieux chroniqueurs normands, nous a laissé dans l'esprit un sentiment de mélancolie en pensant au mélange d'idées religieuses, qui faisaient entreprendre de grandes choses, et d'idées basses et cruelles qui en souillaient l'exécution, qui caractérise les hommes de cette époque. Il n'était pas rare de voir le même personnage qui avait joué sur la scène du monde les plus grands rôles, qui avait à force de cruautés et d'injustices amassé les plus grands biens, une fois parvenu au faîte de ses désirs, s'ensevelir dans un cloître en faisant l'abandon de toutes ses richesses, pour y penser sérieusement à la mort, à laquelle il voulait se préparer de longue main.

Quelle destinée que celle de ce Robert de Normandie, qui, après avoir bataillé toute sa vie, avoir pu refuser le trône de Jérusalem, auquel ses exploits en

Palestine l'avaient tout naturellement porté, revient dans son pays y ternir sa gloire passée par sa vie insouciante et désordonnée, mais y montre encore parfois plus de cœur et de bonté que son époque n'en comportait; et puis qui, vaincu par son frère, plus habile, mais plus mauvais que lui, termine sa carrière par une longue captivité, en chantant avec les bardes gallois de tristes et langoureuses poésies (1). Un prêtre contemporain, Henri, archidiacre d'Huntington, convaincu, par tout ce qui se passait autour de lui, du mépris que l'on devait avoir pour les grandeurs de ce monde, a tracé un tableau énergique des hommes de son temps dans une lettre qui nous est restée. Nous allons en extraire quelques portraits. Et d'abord cette figure de Robert de Bellême, qui, lui aussi, finit ses jours au fond d'une prison, en Angleterre :

« *Tu as vu Robert de Bellême*, écrit notre archi-
« diacre, *lorsqu'il était comte; il était à la fois pour*
« *les Normands, qu'il tenait en prison, un Pluton,*
« *une Mégère, un Cerbère, quelque chose de pire, si*
« *c'est possible; peu lui importait le rachat de ses*

---

(1) Eadmer, *Hist. nov.*, lib. IV, p. 71, dit, en parlant des malheurs de Robert, cette singulière raison : *Pium etenim cor et terrenarum rerum nimia cupido, quæ in eo juxta vigebant, hoc ei pepererant.* On peut lire quelques-unes de ses poésies dans l'ouvrage de l'abbé de la Rue sur les Bardes.

« *captifs ; il aimait à les tuer. Une fois, prenant son*
« *petit-fils sous son manteau, comme pour jouer, il*
« *lui arracha les yeux avec ses doigts. Il se plaisait à*
« *faire empaller des hommes et des femmes. Le car-*
« *nage était la meilleure nourriture de son cœur. Les*
« *hauts faits de Robert de Bellême passaient en pro-*
« *verbe dans toutes les bouches. Mais arrivons à la*
« *fin, qui était bien à désirer. Celui-là qui en avait*
« *tant tourmenté en prison fut enfin* (en 1112) *jeté*
« *lui-même dans un cachot pour le reste de ses jours,*
« *par ordre du roi Henri, et le scélérat y subit un*
« *long supplice. Celui-là dont la renommée avait été*
« *si grande pendant sa vie eut une fin complétement*
« *ignorée ; on ne savait s'il était mort ou vivant ; on*
« *ignora le jour de sa mort.* »

« *Conveniens vitæ mors fuit ista tuæ !* »

Veut-on maintenant le portrait de Robert, comte de Meulan ?

« *Il était*, dit Henri d'Huntington, *l'homme*
« *de son temps le plus habile dans les choses de ce*
« *monde ; il brillait par son savoir, par son éloquence.*
« *Doué d'une grande sagacité, il prévoyait les événe-*
« *ments, et par son esprit fin et rusé, il ne se laissait*
« *jamais surpasser ni en prudence, ni en conseils, ni*
« *en sagesse. Ces qualités lui avaient fait acquérir de*
« *grandes possessions, ce qu'on appelle les honneurs de*

« ce monde, des villes, des châteaux, des bourgs et des
« villages, des fleuves et des forêts ; il en avait en An-
« gleterre, en Normandie, en France. A son gré, il
« pouvait amener la paix ou la guerre entre les rois
« de France et d'Angleterre. Il rapetissait ceux qu'il
« voulait abattre, il exaltait ceux qu'il voulait favo-
« riser. L'argent, les pierreries précieuses, les beaux
« habits, tout lui affluait. Eh bien! au comble de
« toute cette prospérité, le comte de Surrey ne lui en
« enleva pas moins sa femme. Il en tomba malade,
« en eut l'esprit assombri pour le reste de ses jours ;
« on ne le vit plus jamais rire. »

Terminons par le portrait du roi Henri lui-même:
« Il mit son frère le seigneur Robert en prison per-
« pétuelle ; il l'y laissa jusqu'à ce qu'il mourût. Il fit
« arracher les yeux à ses nièces ; il trahit une foule
« de personnes, en fit tuer un grand nombre ; il fit
« beaucoup de sacriléges, mû par la cupidité et surtout
« l'avarice. Quelle frayeur n'eut-il pas, lorsque son
« frère Robert mena une armée contre lui en Angle-
« terre? Dans son premier effroi, il fit la paix ; mais
« en la rompant plus tard et en prenant son frère, il
« fit parjurer les plus grands du royaume. Quelle autre
« frayeur n'eut-il pas lorsque Foulques d'Anjou lui
« prenait ses châteaux (en 1118) et qu'il n'osait pas
« marcher contre lui? Quelle frayeur, lorsque la même
« année Beaudouin, comte de Flandres, envahit la

« *Normandie, et qu'il n'osait pas marcher contre lui?*
« *Comme il fut malheureux, lorsque ses enfants,*
« *presque toute sa famille et sa cour furent engloutis*
« *dans les flots à Barfleur? Comme il fut accablé,*
« *lorsque son neveu Guillaume, à la tête des Fla-*
« *mands, le mit à deux doigts de la perte de son*
« *royaume? Et voilà pourtant celui que l'on appelle*
« *le plus heureux des rois ; certes il en est le plus*
« *malheureux.* »

« *Si vous me demandez*, « ajoute l'archidiacre,
« *pourquoi, dans l'histoire que j'ai écrite, je prodigue*
« *tant de louanges au roi Henri, que j'accuse ici de*
« *tant de crimes? Je vous répondrai : J'ai dit que le*
« *roi était grand par sa sagesse, profond dans ses con-*
« *seils, illustre soit par le génie, soit par les armes,*
« *soit par ses richesses, et cependant tout ce que je dis*
« *ici est encore vrai. Plût au ciel que ce fût faux !* (1) »

(1) Ceci nous donne une idée de la liberté de la presse au XIIe siècle.
La vie particulière du roi était très-désordonnée, et pourtant elle trouvait une certaine excuse dans les mœurs du temps. Il est curieux de lire dans Guillaume de Malmesbury l'apologie singulière qu'il fait de l'inconduite du roi. La voici, mais je ne la traduirai pas : *Omnium tota vita obscenitatum cupidinearum expers, quoniam (ut a consciis accepimus) non effreni voluptate, sed gignendæ prolis amore, mulierum gremio infunderetur, nec dignaretur advenæ delectationi præbere assensum, nisi ubi semen regium procedere posset in effectum : effundens naturam ut dominus, non obtemperans libidini ut famulus.*

CONCLUSION.

Nous avons dit quelque part, dans ces notes historiques, que le résultat de l'usurpation de la Normandie à cette époque par le roi d'Angleterre eut de grandes conséquences dans l'avenir, et c'est vrai. Car si le duché de Normandie fût resté séparé du royaume d'Angleterre, par suite du partage de ces deux contrées entre les fils de Guillaume-le-Conquérant, Henri et Robert eussent été les auteurs de deux familles princières dont la parenté eût été en s'éloignant de plus en plus. La Normandie relevait tout naturellement du roi de France, et il est plus que probable que ce grand fief n'eût jamais été anglais. Par suite, plus de Henri II, plus d'Éléonore de Guyenne pour lui apporter presque le tiers de la France occidentale ; la mer eût séparé toujours les deux États ; et qui sait si l'Angleterre aurait eu au moyen âge, par ses possessions continentales, cette prééminence sur les autres États de l'Europe, qu'elle conserve encore de nos jours par ses possessions coloniales ?

Dans cet ordre d'idées, le champ des hypothèses est si vaste, que nous nous arrêtons pour ne pas nous y égarer ; mais nous avons pensé qu'en présentant ces réflexions à nos lecteurs, le sujet qui nous les a suggérées acquerrait dans leur esprit un peu plus d'importance et les disposerait à l'indulgence pour la manière dont nous avons essayé de le développer.

FIN.

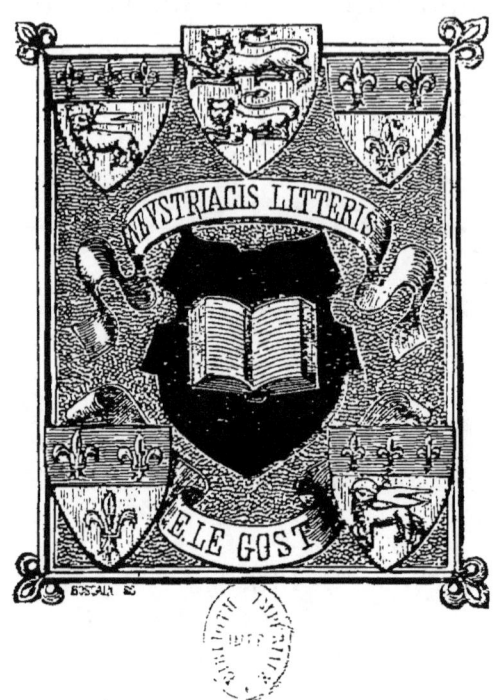

IMPRIMÉ A CAEN CHEZ E. DE LAPORTE

AUX FRAIS ET PAR LES SOINS

DE E. LE GOST, ÉDITEUR

EN MDCCCLXI

www.ingramcontent.com/pod-product-compliance
Lightning Source LLC
LaVergne TN
LVHW050627090426
835512LV00007B/703